シリーズ

中学

理科

2年

準拠ドリル

数研出版
https://www.chart.co.jp

本書の特長と構成

本書は「チャート式シリーズ 中学理科 2 年」の準拠問題集です。
本書のみでも学習可能ですが，参考書とあわせて使用することで，さらに力がのばせます。

特長

1. チェック→トライ→チャレンジの 3 ステップで，段階的に学習できます。

2. 巻末のテストで，学年の総まとめと入試対策の基礎固めができます。

3. 参考書の対応ページを掲載。分からないときやもっと詳しく知りたいときにすぐに参照できます。

構成

1 項目あたり見開き 2 ページです。

チェック
基本問題です。ここで単元の要点を確認しましょう。

チャート式シリーズ参考書の項目番号です。

ポイント
色のついた部分は特に大事なので，おさえておきましょう。

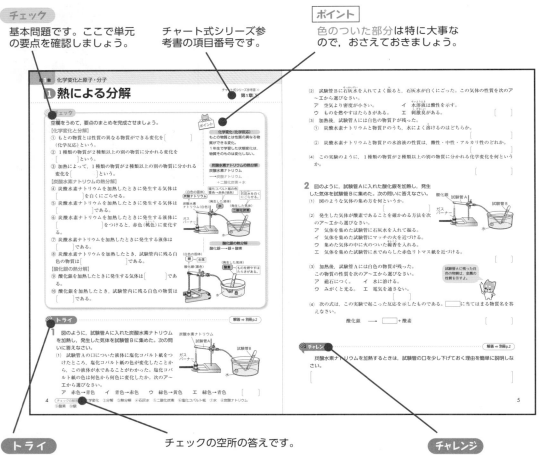

トライ
練習問題です。いろいろな形式の問題に慣れましょう。

チェックの空所の答えです。

チャレンジ
実戦問題です。少しレベルの高い問題に挑戦しましょう。

確認問題　数項目ごとに学習内容が定着しているか確認する問題です。

入試対策テスト　学年の総まとめと入試対策の基礎固めを行うテストです。

もくじ

一緒に
がんばろう！

数研出版公式キャラクター
数犬 チャ太郎

3

❶ 熱による分解

✎ チェック

空欄をうめて，要点のまとめを完成させましょう。

【化学変化と分解】

① もとの物質とは性質の異なる物質ができる変化を [　　　　　　　] （化学反応）という。

② 1種類の物質が2種類以上の別の物質に分かれる変化を [　　　　　] という。

③ 加熱によって，1種類の物質が2種類以上の別の物質に分かれる 変化を [　　　　　] という。

【炭酸水素ナトリウムの熱分解】

④ 炭酸水素ナトリウムを加熱したときに発生する気体は [　　　　　] を白くにごらせる。

⑤ 炭酸水素ナトリウムを加熱したときに発生する気体は [　　　　　　] である。

⑥ 炭酸水素ナトリウムを加熱したときに発生する液体に [　　　　　　　] をつけると，赤色（桃色）に変化する。

⑦ 炭酸水素ナトリウムを加熱したときに発生する液体は [　　　] である。

⑧ 炭酸水素ナトリウムを加熱したとき，試験管内に残る白色の物質は [　　　　　　] である。

【酸化銀の熱分解】

⑨ 酸化銀を加熱したときに発生する気体は [　　　] である。

⑩ 酸化銀を加熱したとき，試験管内に残る白色の物質は [　　　] である。

ポイント

化学変化（化学反応）
もとの物質とは性質の異なる物質ができる変化。
1年生で学習した状態変化は，物質そのものは変化しない。

炭酸水素ナトリウムの熱分解
炭酸水素ナトリウム
→ 炭酸ナトリウム
　＋二酸化炭素＋水

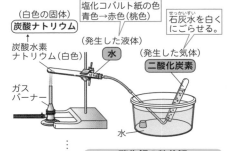

酸化銀の熱分解
酸化銀 → 銀＋酸素

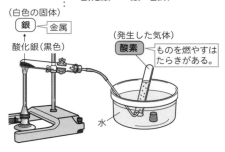

✎ トライ

解答 ➡ 別冊p.2

1 図のように，試験管Aに入れた炭酸水素ナトリウムを加熱し，発生した気体を試験管Bに集めた。次の問いに答えなさい。

(1) 試験管Aの口についた液体に塩化コバルト紙をつけたところ，塩化コバルト紙の色が変化したことから，この液体が水であることがわかった。塩化コバルト紙の色は何色から何色に変化したか。次のア～エから選びなさい。

ア　赤色→青色　　イ　青色→赤色　　ウ　緑色→黄色　　エ　緑色→青色　　[　　　]

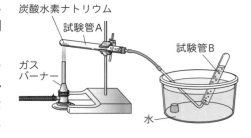

チェックの解答 ①化学変化　②分解　③熱分解　④石灰水　⑤二酸化炭素　⑥塩化コバルト紙　⑦水　⑧炭酸ナトリウム
⑨酸素　⑩銀

(2) 試験管Bに石灰水を入れてよく振ると，石灰水が白くにごった。この気体の性質を次のア〜エから選びなさい。

ア　空気より密度が小さい。　　　　イ　水溶液は酸性を示す。

ウ　ものを燃やすはたらきがある。　エ　刺激臭がある。　　　　　　　［　　　］

(3) 加熱後，試験管Aには白色の物質Pが残った。

① 炭酸水素ナトリウムと物質Pのうち，水によく溶けるのはどちらか。

［　　　　　　］

② 炭酸水素ナトリウムと物質Pの水溶液の性質は，酸性・中性・アルカリ性のどれか。

［　　　　　　］

(4) この実験のように，1種類の物質が2種類以上の別の物質に分かれる化学変化を何というか。

［　　　　　　］

2 図のように，試験管Aに入れた酸化銀を加熱し，発生した気体を試験管Bに集めた。次の問いに答えなさい。

(1) 図のような気体の集め方を何というか。

［　　　　　　　　］

(2) 発生した気体が酸素であることを確かめる方法を次のア〜エから選びなさい。

ア　気体を集めた試験管に石灰水を入れて振る。

イ　気体を集めた試験管にマッチの火を近づける。

ウ　集めた気体の中に火のついた線香を入れる。

エ　気体を集めた試験管に水でぬらした赤色リトマス紙を近づける。

［　　　］

(3) 加熱後，試験管Aには白色の物質が残った。この物質の性質を次のア〜エから選びなさい。

ア　磁石につく。　　イ　水に溶ける。

ウ　みがくと光る。　エ　電気を通さない。

試験管Aに残った白色の物質は，金属の性質を示すよ。

［　　　］

(4) 次の式は，この実験で起こった反応を示したものである。□□に当てはまる物質名を答えなさい。

酸化銀　　⟶　　□□＋酸素　　　　　［　　　　　　］

✎ **チャレンジ** ・・・・・・・・・・・・・・・・・・・・・・・・・・・・・・・・・・・・・・・　解答 ➡ 別冊p.2

炭酸水素ナトリウムを加熱するときは，試験管の口を少し下げておく理由を簡単に説明しなさい。

［　　　　　　　　　　　　　　　　　　　　　　　　　　　　　　　　　　　　　　］

2 電流による分解

チェック

空欄をうめて，要点のまとめを完成させましょう。

【水の電気分解】

① 電流を流すことによって物質を分解することを［　　　　　　］という。

② 水の電気分解の実験では，水に電流を流しやすくするために，［　　　　　　　　　　　］（または硫酸）を溶かす。

③ 水の電気分解で，陰極側と陽極側に集まった気体の体積の割合は，陰極側：陽極側＝［　　　　　　　］である。

④ 水の電気分解で，［　　　］極側に集まった気体にマッチの火を近づけると，気体が音を立てて燃える。

⑤ 水の電気分解で，陰極側に集まった気体は［　　　　　　］である。

⑥ 水の電気分解で，［　　　　　　］極側に集まった気体の中に火のついた線香を入れると，線香が炎を上げて燃える。

⑦ 水の電気分解で，陽極側に集まった気体は［　　　　　　］である。

【塩化銅水溶液の電気分解】

⑧ 塩化銅水溶液に電流を流すと，陰極には［　　　］色の物質が付着する。

⑨ 塩化銅水溶液に電流を流したとき，陰極に付着した物質は［　　　］である。

⑩ 塩化銅水溶液に電流を流すと，陽極側からはにおいの［　　　］気体が発生する。

⑪ 塩化銅水溶液に電流を流したとき，陽極側から発生した気体は［　　　　　］である。

⑫ 水の電気分解でできた水素や酸素，塩化銅水溶液の電気分解でできた銅や塩素などは，それ以上他の物質に分解することが［　　　　　　］。

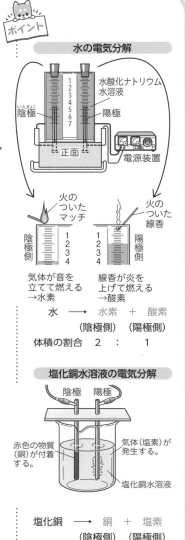

ポイント

水の電気分解

水酸化ナトリウム水溶液
陰極　陽極
正面
電源装置

火のついたマッチ
陰極側
火のついた線香
陽極側

気体が音を立てて燃える
→水素

線香が炎を上げて燃える
→酸素

水 ── 水素 ＋ 酸素
（陰極側）（陽極側）
体積の割合　2 ： 1

塩化銅水溶液の電気分解

陰極　陽極
赤色の物質（銅）が付着する。
気体（塩素）が発生する。
塩化銅水溶液

塩化銅 ── 銅 ＋ 塩素
（陰極側）（陽極側）

トライ

解答 ⇒ 別冊p.2

1 分解といえるものを，次のア〜エから選びなさい。

ア　溶け残りのある液をろ過して液体と固体に分ける。

イ　水とエタノールの混合物を蒸留して水とエタノールに分ける。

ウ　二酸化マンガンにうすい過酸化水素水（オキシドール）を加えると酸素が発生する。

エ　水を加熱すると水蒸気になる。

［　　　　　］

チェックの解答 ①電気分解　②水酸化ナトリウム　③2：1　④陰　⑤水素　⑥陽　⑦酸素　⑧赤　⑨銅　⑩ある　⑪塩素　⑫できない

2 図のような装置に，ある物質を溶かした水を入れて電流を流したところ，陰極側と陽極側から気体が発生した。次の問いに答えなさい。

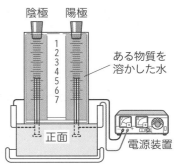

(1) この実験で，水に電流を流しやすくするために溶かす物質は何か。

[   ]

(2) 陰極側と陽極側から発生した気体のうち，体積が大きいのはどちらか。体積が同じ場合は「同じ」と答えなさい。

[   ]

(3) 陰極側から発生した気体にマッチの火を近づけたところ，気体が音を立てて燃えた。この気体の名称を答えなさい。

[   ]

(4) 陽極側から発生した気体の中に火のついた線香を入れたところ，線香が炎を上げて燃えた。この気体の名称を答えなさい。

[   ]

気体そのものが燃えるのか，ものを燃やすはたらきがあるのか，区別しよう。

(5) この実験のように，電流を流すことによって物質を分解することを何というか。

[   ]

3 図のようにして塩化銅水溶液に電流を流した。次の問いに答えなさい。

(1) 陰極，陽極のようすを次のア〜エから1つずつ選びなさい。

ア　ものを燃やすはたらきのある気体が発生する。
イ　においのある気体が発生する。
ウ　赤色の物質が付着する。
エ　変化しない。

陰極[   ]　陽極[   ]

(2) 次の式は，この実験で起こった化学変化を示したものである。□□□に当てはまる物質名を答えなさい。

塩化銅　⟶　[①]　+　[②]
　　　　　（陰極側）　（陽極側）

①[   ]　②[   ]

(3) 陰極や陽極から発生した物質は，それ以上他の物質に分解できるか。

[   ]

チャレンジ ·· 解答 ➡ 別冊p.2

水の電気分解の実験で，水酸化ナトリウム水溶液が手についてしまったときは，どうすればいいか，簡単に説明しなさい。

[   ]

7

❸ 原子・分子と化学反応式

チェック

空欄をうめて，要点のまとめを完成させましょう。

【原子と分子】

① 物質をつくっている，それ以上分けることのできない小さい粒子を [　　　　] という。

② 原子の種類を [　　　　] という。

③ 原子の種類をアルファベットの記号で表したものを [　　　　] という。

④ 元素の性質をもとにしてまとめた表を [　　　　] という。

⑤ いくつかの原子が結びついてできた，物質の性質を示す最小の粒子を [　　　　] という。

⑥ 元素記号と数字を使って物質を表したものを [　　　　] という。

⑦ 1種類の元素からできている物質を [　　　　] という。

⑧ 2種類以上の元素からできている物質を [　　　　] という。

【化学反応式】

⑨ 化学式と数字を使って化学変化を表した式を [　　　　] という。

⑩ 化学反応式では，反応前の物質を矢印の [　　　　] 側に書く。

⑪ 化学反応式では，反応後の物質を矢印の [　　　　] 側に書く。

⑫ 化学反応式では，矢印の左側と右側で，原子の種類と数を [　　　　] する。

ポイント

原子の性質

・化学変化によって，それ以上分けられない。

・化学変化によって，別の種類の原子に変わったり，なくなったり，新しくできたりしない。

・種類によって大きさや質量が決まっている。

物質の分類

物質 — 純粋な物質 — 単体 : 1種類の元素でできている物質
　　　　　　　　　　— 化合物 : 2種類以上の元素でできている物質
　　 — 混合物

化学反応式

$$2H_2O_{\square}$$

1は省略

水分子中に水素原子が2個ある。

水分子が2個ある。（この数字を係数という。）

例1：水の電気分解
水 ⟶ 水素＋酸素
$2H_2O \longrightarrow 2H_2 + O_2$

例2：酸化銀の熱分解
酸化銀 ⟶ 銀＋酸素
$2Ag_2O \longrightarrow 4Ag + O_2$

トライ

解答 ➡ 別冊p.2

1 次の表の空欄に，元素，元素記号，物質名，化学式を入れなさい。

元素	元素記号		物質名	化学式
水素	①		水	⑤
②	O		⑥	CO_2
マグネシウム	③		銅	⑦
④	Cl		⑧	$CuCl_2$

チェックの解答 ①原子 ②元素 ③元素記号 ④周期表 ⑤分子 ⑥化学式 ⑦単体 ⑧化合物 ⑨化学反応式 ⑩左 ⑪右 ⑫等しく（同じに）

2 表は，純粋な物質の分類を示したものである。次の問いに答えなさい。

	分子を つくる	分子を つくらない
1種類の元素から できている	ア、	イ
2種類以上の元素 からできている	ウ	エ

(1) ①1種類の元素からできている物質，②2種類以上の元素からできている物質をそれぞれ何というか。

①［　　　　　　　　　］

②［　　　　　　　　　］

(2) 次のモデルで表された物質を化学式で書きなさい。

① 窒素原子 (ちっそ) N N

② 鉄原子 Fe

③ 窒素原子 N H H H 水素原子

①［　　　　　　　　　］

②［　　　　　　　　　］

③［　　　　　　　　　］

(3) (2)の①〜③の物質は，それぞれ表のア〜エのどれに当てはまるか。

①［　　　　］　②［　　　　］　③［　　　　］

3 酸化銀の熱分解を化学反応式で表す手順について，次の問いに答えなさい。

(1) 次のように，酸化銀の熱分解を物質名の式と化学反応式で表した。

酸化銀　——→　銀　＋　酸素

Ag_2O　——→　Ag　＋　O_2

式の左側と右側に，銀原子と酸素原子はそれぞれ何個あるか。

> 式の左側と右側を見比べて，足りないほうの原子や分子などを追加すればいいね。

　　　　　左側　　　　　　　右側

銀原子　［　　　］　　銀原子　［　　　］

酸素原子［　　　］　　酸素原子［　　　］

(2) 矢印の左右で酸素原子の数を等しくするために，左側に酸化銀を何個追加すればよいか。

［　　　　　］

(3) (2)の結果から，矢印の左右で銀原子の数を等しくするために，右側に銀原子を何個追加すればよいか。

［　　　　　］

(4) 酸化銀の熱分解を化学反応式で表しなさい。

［　　　　　　　　　　　　　　　　　］

チャレンジ ・・・・・・・・・・・・・・・・・・・・・・・・・・・・・・・・・・・ 解答 ➡ 別冊p.3

塩化銅は，銅原子と塩素原子が1：2の数の割合で結びついてできている。塩化銅を原子のモデルで表しなさい。ただし，銅原子をⒸu，塩素原子をⒸlで表すものとする。

9

4 さまざまな化学変化①

チェック

空欄をうめて，要点のまとめを完成させましょう。

【物質どうしが結びつく変化】

① 2種類以上の物質が結びつく化学変化でできる物質を［　　　　］という。

② 鉄と硫黄の混合物を加熱すると［　　　　　　　　］ができる。

③ 鉄と硫黄の混合物は磁石に［　　　　　　］が，硫化鉄は磁石に［　　　　　　　］。

④ 鉄と硫黄の混合物に塩酸を加えると，においの［　　　　　］気体が発生する。

⑤ 鉄と硫黄の混合物に塩酸を加えたときに発生する気体は［　　　　　　］である。

⑥ 硫化鉄に塩酸を加えると，においの［　　　　］気体が発生する。

⑦ 硫化鉄に塩酸を加えたときに発生する気体は［　　　　　　　　］である。

⑧ 銅と硫黄が結びつくと［　　　　　　　］ができる。

【物質が酸素と結びつく変化—酸化】

⑨ 物質が酸素と結びつく化学変化を［　　　　　］という。

⑩ 酸化によってできた物質を［　　　　　　］という。

⑪ 熱や光を出しながら激しく進む酸化を［　　　　　　］という。

⑫ 銅が酸素と結びつくと［　　　　　　　］ができる。

⑬ スチールウール（鉄）が酸素と結びつくと［　　　　　　　　］ができる。

⑭ マグネシウムが酸素と結びつくと［　　　　　　　　　　］ができる。

⑮ 木炭（炭素）を加熱したときに発生する気体は，［　　　　　　　］を白くにごらせる。

⑯ 炭素が酸素と結びつくと［　　　　　　　　］ができる。

⑰ 水素が酸素と結びつくと［　　　　　］ができる。

⑱ 有機物を燃焼させると［　　　　　　　］と水ができる。

⑲ 有機物には炭素と［　　　　　］が含まれている。

ポイント

物質どうしが結びつく変化

化合物：分解とは逆に，2種類以上の物質が結びつく化学変化によってできる物質のこと。

物質A ＋ 物質B → 化合物

例1　鉄 ＋ 硫黄 —→ 硫化鉄
　　　Fe ＋ S —→ FeS

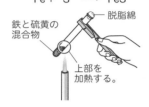

例2　銅 ＋ 硫黄 —→ 硫化銅

酸化

・酸化：物質が酸素と結びつく化学変化。

・酸化物：酸化でできた物質。

物質 ＋ 酸素 → 酸化物

・酸化の例　銅 ＋ 酸素 → 酸化銅

・燃焼：熱や光を出しながら激しく進む酸化。

・燃焼の例
　・鉄 ＋ 酸素 —→ 酸化鉄
　・マグネシウム ＋ 酸素 —→ 酸化マグネシウム
　・炭素 ＋ 酸素 —→ 二酸化炭素

・水素 ＋ 酸素 —→ 水
・有機物 ＋ 酸素 → 二酸化炭素 ＋ 水

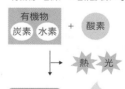

チェックの解答 ①化合物　②硫化鉄　③つく，つかない　④ない　⑤水素　⑥ある　⑦硫化水素　⑧硫化銅　⑨酸化　⑩酸化物　⑪燃焼　⑫酸化銅　⑬酸化鉄　⑭酸化マグネシウム　⑮石灰水　⑯二酸化炭素　⑰水　⑱二酸化炭素　⑲水素

解答 ➡ 別冊p.3

🌸 トライ

1 鉄粉と硫黄の粉末をよく混ぜ合わせ，2本の試験管に入れた。図のように，試験管Bに入れた混合物の上部を加熱し，加熱部が赤くなり始めたら火を止めた。試験管Aは加熱しなかった。次の問いに答えなさい。

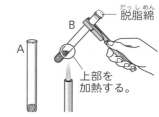

(1) 試験管Aと試験管Bに磁石を近づけた。磁石についたのは試験管Aと試験管Bのどちらか。

[   ]

(2) 試験管A，B内の物質を少量とり，うすい塩酸を加えたところ，どちらも気体が発生した。においのない気体が発生したのは，試験管A，Bのどちらの物質か。記号で答えなさい。

[   ]

(3) (2)で，気体のにおいはどのようにしてかぐか。

[   ]

(4) 次の式は，試験管B内で起こった化学変化を示している。□□□に入る物質名を答えなさい。

鉄 ＋ 硫黄 ⟶ [   ]

[   ]

2 図のように，石灰水を入れた集気びんの中でろうを燃やした。次の問いに答えなさい。

(1) 火が消えてからろうを取り出し，集気びんを振ると，石灰水はどうなるか。

[   ]

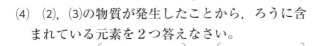

(2) (1)の結果から，何という気体が発生したことがわかるか。

[   ]

(3) 火が消えたあと，集気びんの内側には液体がついていた。この液体に塩化コバルト紙をつけたところ，塩化コバルト紙の色が青色から赤色(桃色)に変化した。この液体は何か。

[   ]

(4) (2)，(3)の物質が発生したことから，ろうに含まれている元素を2つ答えなさい。

[   ] [   ]

> 気体も液体も，ろうに含まれていた元素の原子が酸素と結びついてできたものだよ。

🌸 チャレンジ

解答 ➡ 別冊p.3

スチールウール(鉄)を燃焼さじにのせて火をつけ，図のように，酸素を十分に入れた集気びんをかぶせたところ，スチールウールは熱と光を出して激しく燃え，集気びんの中の水面が上昇した。下線部のようになった理由を簡単に説明しなさい。

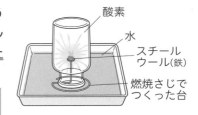

[   ]

11

5 さまざまな化学変化②

チェック

空欄をうめて、要点のまとめを完成させましょう。

【炭素による酸化銅の還元】

① 酸化物が酸素を失う（奪われる）化学変化を〔　　　　　〕という。

② 酸化銅と炭素の混合物を加熱したときに発生する気体は〔　　　　　〕である。

③ 酸化銅と炭素の混合物を加熱したとき、試験管内に残った物質は〔　　　〕である。

④ 酸化銅と炭素の混合物を加熱したとき、還元された物質は〔　　　　〕である。

⑤ 酸化銅と炭素の混合物を加熱したとき、酸化された物質は〔　　　　〕である。

⑥ 銅と炭素のうち、酸素と結びつきやすいのは〔　　　〕である。

【水素による酸化銅の還元】

⑦ 酸化銅と水素の反応では、銅と〔　　　〕ができる。

⑧ 酸化銅と水素の反応で、還元された物質は〔　　　　〕である。

⑨ 酸化銅と水素の反応で、酸化された物質は〔　　　　〕である。

⑩ 銅と水素のうち、酸素と結びつきやすいのは〔　　　　〕である。

【酸化鉄の還元】

⑪ 酸化鉄と炭素の反応では、鉄と〔　　　　　　〕ができる。

⑫ 酸化鉄と炭素の反応で、還元された物質は〔　　　　〕である。

⑬ 酸化鉄と炭素の反応で、酸化された物質は〔　　　　〕である。

ポイント

還元

・酸化物が酸素を失う（奪われる）化学変化。

・還元は酸化と同時に起こる。

例1　炭素による酸化銅の還元
酸化銅＋炭素→銅＋二酸化炭素

$$2CuO + C \longrightarrow 2Cu + CO_2$$
（還元）（酸化）

酸化銅と炭素の混合物／ピンチコック／加熱中はゴム管を閉じない。／ゴム管／ガラス管／白くにごる。／石灰水／二酸化炭素ができた。

例2　水素による酸化銅の還元
酸化銅＋水素→銅＋水

$$CuO + H_2 \longrightarrow Cu + H_2O$$
（還元）（酸化）

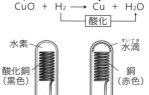

水素／水滴／酸化銅（黒色）／銅（赤色）

例3　酸化鉄の還元
酸化鉄＋炭素→鉄＋二酸化炭素

トライ

解答 ➡ 別冊p.3

1 製鉄所では、鉄鉱石（酸化鉄）にコークス（炭素）などを加えて加熱し、鉄を取り出している。次の問いに答えなさい。

(1) 次の式の□□□に当てはまる物質名を答えなさい。

酸化鉄　＋　炭素　⟶　鉄　＋　□□□

〔　　　　　　　　　　　〕

(2) この反応で、①酸化された物質と②還元された物質を答えなさい。

①〔　　　　　〕　②〔　　　　　〕

チェックの解答　①還元　②二酸化炭素　③銅　④酸化銅　⑤炭素　⑥炭素　⑦水　⑧酸化銅　⑨水素　⑩水素　⑪二酸化炭素　⑫酸化鉄　⑬炭素

2 図のように，酸化銅と炭素の粉末の混合物を試験管に入れて加熱した。次の問いに答えなさい。

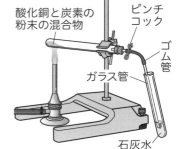

(1) この実験では，気体が発生し，石灰水が白くにごった。発生した気体の物質名を答えなさい。

[　　　　　　]

(2) 加熱した試験管内には固体の物質が残った。この物質の性質を次のア～エから選びなさい。

　ア　水に溶けやすい。　　イ　磁石につく。
　ウ　こすると光る。　　　エ　たたくと割れる。

[　　　　　　]

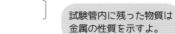

試験管内に残った物質は金属の性質を示すよ。

(3) (2)の物質の化学式を書きなさい。

[　　　　　　]

(4) この実験の化学変化で，①酸素を失った(奪われた)物質，②酸素と結びついた物質は何か。

①[　　　　　　]　②[　　　　　　]

(5) この実験では，加熱をやめた後，ピンチコックでゴム管を閉じる。その理由を次のア～エから2つ選びなさい。

　ア　加熱した試験管に石灰水が逆流するのを防ぐため。
　イ　試験管をゆっくりと冷やすため。
　ウ　試験管内の物質が外に出ないようにするため。
　エ　試験管内の物質が酸化することを防ぐため。

[　　　　　　]

(6) 酸素と結びつきやすいのは銅と炭素のどちらか。

[　　　　　　]

3 図のように，水素を入れた試験管に酸化銅を出し入れしたところ，酸化銅の色が変化した。次の問いに答えなさい。

水素

酸化銅

(1) 酸化銅の色は何色から何色に変化したか。

[　　　　　　]

(2) 実験後，試験管内には液体がついていた。この液体の物質名を答えなさい。

[　　　　　　]

(3) この実験で，①酸化された物質と②還元された物質を答えなさい。

①[　　　　　　]　②[　　　　　　]

(4) この実験で起こった化学変化を化学反応式で表しなさい。

[　　　　　　]

 チャレンジ ………………………………………………………………………… 解答 ➡ 別冊p.3

「還元」とはどのような化学変化か。「酸素」ということばを使って簡単に説明しなさい。

[　　　　　　]

❻ 化学変化と熱

🧶 チェック

空欄をうめて，要点のまとめを完成させましょう。

【発熱反応】

① 鉄の酸化で，反応後にできる物質は[　　　　]である。

② 塩酸とマグネシウムの反応で発生する気体は[　　]である。

③ 鉄の酸化や塩酸とマグネシウムの反応などでは，熱を[　　　] して周囲の温度が[　　　]。

④ 熱を発生して周囲の温度が上がる反応を[　　　　]という。

【吸熱反応】

⑤ 塩化アンモニウムと水酸化バリウムの反応で発生する気体は [　　　　]である。

⑥ 炭酸水素ナトリウムとクエン酸の反応で発生する気体は [　　　　]である。

⑦ 塩化アンモニウムと水酸化バリウムの反応などでは，熱を [　　　]して周囲の温度が[　　　]。

⑧ 熱を吸収して周囲の温度が下がる反応を[　　　　]という。

【燃料】

⑨ メタンやプロパンなどの有機物を燃焼させると，二酸化炭素と [　　]ができる。

⑩ メタンやプロパンなどの有機物には炭素と[　　　]が含まれ ている。

⑪ 物質がもっているエネルギーを[　　　　]という。

ポイント

発熱反応
熱を発生して周囲の温度が上がる反応。

物質A + … —熱↑→ 物質B + …

例
・鉄の酸化

ガラス棒
かき混ぜる
鉄粉と活性炭の混合物
温度計
食塩水
温度が上がる。

・マグネシウムの燃焼
・鉄と硫黄の反応
・酸化カルシウムと水の反応
・塩酸とマグネシウムの反応

吸熱反応
熱を吸収して周囲の温度が下がる反応。

物質C + … —熱↓→ 物質D + …

例
・塩化アンモニウムと水酸化バリウムの反応
・炭酸水素ナトリウムとクエン酸の反応

🌱 トライ

解答 ➡ 別冊p.4

1 天然ガスの主成分であるメタンについて，次の問いに答えなさい。

(1) メタンを燃焼させると二酸化炭素と水ができる。このことから，メタンに含まれる元素を，元素記号で2つ答えなさい。

[　　　] [　　　]

(2) メタンの燃焼は次の化学反応式で表される。①，②に入る係数を答えなさい。

$$CH_4 + \boxed{①} \, O_2 \longrightarrow CO_2 + \boxed{②} \, H_2O$$

① [　　　] 　② [　　　]

チェックの解答 ①酸化鉄 ②水素 ③発生，上がる ④発熱反応 ⑤アンモニア ⑥二酸化炭素 ⑦吸収，下がる ⑧吸熱反応 ⑨水 ⑩水素 ⑪化学エネルギー

2 図のように，マグネシウムリボンにう
すい塩酸を加え，ガラス棒で混ぜ合わせ
た。次の問いに答えなさい。

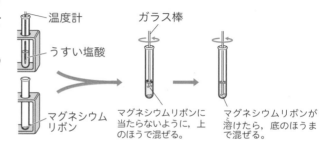

(1) この実験では気体が発生した。この
気体は何か。化学式で書きなさい。

〔   〕

(2) この実験では，反応後の温度はどう
なるか。

〔   〕

(3) この実験のような温度変化をする反応を何というか。

〔   〕

(4) (3)の反応の例を，次のア〜エからすべて選びなさい。
　ア　鉄の酸化　　　　　　　　　　　　　イ　鉄と硫黄（いおう）の反応
　ウ　塩化アンモニウムと水酸化バリウムの反応　　エ　酸化カルシウムと水の反応

〔   〕

(5) 物質がもっているエネルギーを何というか。

〔   〕

3 図のように，炭酸水素ナトリウムとクエン酸に水を加えて振（ふ）り混
ぜた。次の問いに答えなさい。

(1) この実験での熱の出入りは次のア，イのどちらか。

〔   〕

　ア　炭酸水素ナトリウム　＋　クエン酸　──↑熱──→　二酸化炭素　＋　…

　イ　炭酸水素ナトリウム　＋　クエン酸　──↓熱──→　二酸化炭素　＋　…

(2) (1)のような熱の出入りをする反応を何と
いうか。

〔   〕

熱を発生すると温度が上がり，
熱を吸収すると温度が下がるね。

📝 **チャレンジ** ·· 解答 ➡ 別冊p.4

発熱反応，吸熱反応とはどのような反応か，「熱」ということばを使って簡単に説明しなさい。

・発熱反応　〔   〕

・吸熱反応　〔   〕

7 質量保存の法則

チェック

空欄をうめて，要点のまとめを完成させましょう。

【沈殿ができる化学変化と質量】

① うすい硫酸とうすい塩化バリウム水溶液を混ぜ合わせたときにできる白い沈殿は［　　　　　　　　　　］である。

② 炭酸ナトリウム水溶液と塩化カルシウム水溶液を混ぜ合わせたときにできる白い沈殿は［　　　　　　　　　　］である。

③ 硫酸と塩化バリウム水溶液の反応や，炭酸ナトリウム水溶液と塩化カルシウム水溶液の反応では，反応の前後で物質全体の質量は
［　　　　　　　］。

【気体が発生する化学変化と質量】

④ 炭酸水素ナトリウムと塩酸の反応で発生する気体は［　　　　　　　］である。

⑤ 密閉した容器内で炭酸水素ナトリウムとうすい塩酸を混ぜ合わせると，反応の前後で物質全体の質量は［　　　　　　　］。

⑥ 密閉した容器内で炭酸水素ナトリウムとうすい塩酸を混ぜ合わせ，反応後に容器のふたをゆるめると，質量は
［　　　　　］する。

【酸素と結びつく化学変化と質量】

⑦ スチールウール（鉄）を燃焼させたときにできる物質は
［　　　　　　　］である。

⑧ 密閉したフラスコ内でスチールウール（鉄）を燃焼させると，反応の前後で物質全体の質量は［　　　　　　　］。

⑨ 密閉したフラスコ内でスチールウール（鉄）を燃焼させ，反応後にピンチコックを開くと，質量は［　　　　　　　］する。

⑩ 化学変化の前後で物質全体の質量が変化しないことを
［　　　　　　　］の法則という。

⑪ 化学変化の前後で，原子の組み合わせは［　　　　　　　］が，原子の種類と数は［　　　　　　　］。

⑫ 状態変化の前後で，物質全体の質量は［　　　　　　　　］。

質量保存の法則

化学変化の前後で，物質全体の質量は変化しない。このことを質量保存の法則といい，状態変化などでも成りたつ。

沈殿ができる化学変化

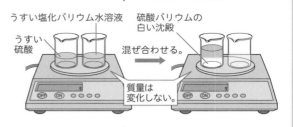

うすい塩化バリウム水溶液　うすい硫酸　硫酸バリウムの白い沈殿　混ぜ合わせる。　質量は変化しない。

気体が発生する化学変化

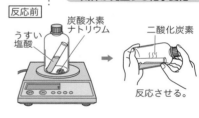

反応前　うすい塩酸　炭酸水素ナトリウム　二酸化炭素　反応させる。

反応後　質量は変化しない。　容器のふたをゆるめる。　二酸化炭素が空気中に出ていく。　質量は減少する。

酸素と結びつく化学変化

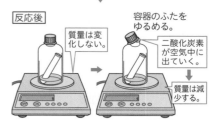
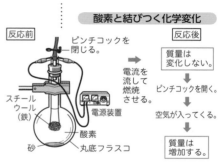

反応前　ピンチコックを閉じる。　電流を流して燃焼させる。　スチールウール（鉄）　酸素　砂　丸底フラスコ　電源装置

反応後　質量は変化しない。　ピンチコックを開く。　空気が入ってくる。　質量は増加する。

チェックの解答 ①硫酸バリウム　②炭酸カルシウム　③変化しない　④二酸化炭素　⑤変化しない　⑥減少　⑦酸化鉄　⑧変化しない　⑨増加　⑩質量保存　⑪変わる，変わらない　⑫変化しない

解答 ➡ 別冊 p.4

1 図のように，うすい塩化バリウム水溶
液とうすい硫酸を混ぜ合わせた。次の問
いに答えなさい。

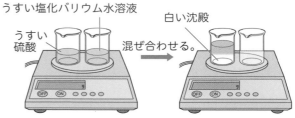

うすい塩化バリウム水溶液
白い沈殿
うすい硫酸
混ぜ合わせる。

(1) この実験では白い沈殿ができた。こ
の沈殿の物質名を答えなさい。

[   ]

(2) 反応後の物質全体の質量は，反応前に比べてどうな
るか。次のア～ウから選びなさい。

ア 大きくなる。
イ 変化しない。
ウ 小さくなる。

この実験では，
気体は発生しな
いよ。

[   ]

(3) この実験と同様に，炭酸ナトリウム水溶液と塩化カルシウム水溶液を混ぜ合わせると，白
い沈殿ができた。この沈殿の物質名を答えなさい。

[   ]

2 図のように，酸素を満たした丸底フラスコ内にスチールウール
(鉄)を入れ，ピンチコックを閉じて密閉し，電流を流して燃焼さ
せた。次の問いに答えなさい。

(1) スチールウール(鉄)が燃焼すると，何という物質ができるか。

[   ]

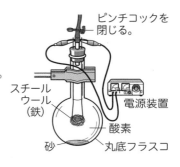

ピンチコックを
閉じる。
スチール
ウール
(鉄)
電源装置
砂
酸素
丸底フラスコ

(2) 反応後の物質全体の質量は，反応前に比べてどうなるか。次
のア～ウから選びなさい。

ア 大きくなる。　　イ 変化しない。　　ウ 小さくなる。

[   ]

(3) 反応後にピンチコックを開くと，物質全体の質量は，反応前に比べてどうなるか。
(2)のア～ウから選びなさい。

[   ]

(4) (3)のようになるのはなぜか。その理由を簡単に説明しなさい。

[   ]

(5) 化学変化の前後で変化するものを，次のア～ウから選びなさい。

ア 原子の種類　　イ 原子の数　　ウ 原子の組み合わせ

[   ]

解答 ➡ 別冊 p.4

チャレンジ

質量保存の法則とはどのような法則か，「化学変化」ということばを使って簡単に説明しなさい。

[   ]

8 反応する物質の質量の割合

チャート式シリーズ参考書 >> 第4章 2

チェック

空欄をうめて，要点のまとめを完成させましょう。

【一定量の金属と反応する酸素の質量】

① 金属を空気中で加熱すると，[ ]と結びつく。

② 金属を空気中で加熱すると，質量が[ ]する。

③ 金属の質量とできた酸化物の質量との間には[ ]の関係がある。

④ 金属の質量とできた酸化物の質量の比は[ ]である。

⑤ 銅と酸化銅の質量の比は，銅：酸化銅＝[ ]である。

⑥ マグネシウムと酸化マグネシウムの質量の比は，マグネシウム：酸化マグネシウム＝[ ]である。

⑦ 金属に結びついた酸素の質量は，酸化物の質量－[ ]の質量で求められる。

⑧ 金属の質量と結びついた酸素の質量との間には[ ]の関係がある。

⑨ 金属の質量と，結びついた酸素の質量の比は[ ]である。

⑩ 銅と，銅に結びつく酸素の質量の比は，銅：酸素＝[ ]である。

⑪ マグネシウムと，マグネシウムに結びつく酸素の質量の比は，マグネシウム：酸素＝[ ]である。

ポイント

金属の質量と酸化物の質量の関係

金属の質量と酸化物の質量は比例する。

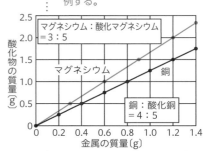

マグネシウム：酸化マグネシウム＝3：5

マグネシウム

銅

銅：酸化銅＝4：5

金属の質量と結びついた酸素の質量の関係

・酸素の質量
＝酸化物の質量－金属の質量

・金属の質量と結びついた酸素の質量は比例する。

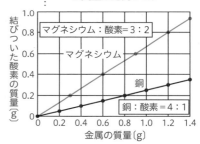

マグネシウム：酸素＝3：2

マグネシウム

銅

銅：酸素＝4：1

トライ

解答 ➡ 別冊p.4

1 図は，銅と酸素が結びついて酸化銅ができる化学変化を原子のモデルで表している。次の問いに答えなさい。

(1) この化学変化を化学反応式で表しなさい。

[ ]

(2) 銅原子100個は酸素分子何個と反応するか。

[ ]

(3) 銅原子30個と酸素分子20個がある場合，反応後にどちらの原子または分子が何個余るか。

余る原子または分子[ ]　余る数[ ]

チェックの解答 ①酸素　②増加　③比例　④一定　⑤4：5　⑥3：5　⑦金属　⑧比例　⑨一定　⑩4：1　⑪3：2

2 図1のように，**1.5g**のマグネシウムを空気中で加熱した。加熱の前後で質量をはかり，物質の質量が変化しなくなるまで加熱をくり返した。図2は，その結果をグラフに表したものである。次の問いに答えなさい。

図1
マグネシウムの粉末
ステンレス皿

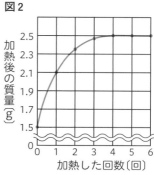
図2

(1) 1.5gのマグネシウムが完全に反応したのは，何回目に加熱したときか。

〔　　　　　　〕

(2) 1.5gのマグネシウムが完全に反応したとき，マグネシウムと結びついた酸素の質量は何gか。

〔　　　　　　〕

(3) マグネシウムと結びついた酸素の質量の比を，最も簡単な整数の比で答えなさい。

マグネシウム：酸素＝〔　　　　　　〕

(4) 1回目の加熱後の物質全体の質量は2.1gだった。このとき，酸素と結びついていないマグネシウムの質量は何gか。

〔　　　　　　〕

酸素と結びついたマグネシウムの質量は何gかな。

3 図は，銅の質量と酸化銅の質量の関係を表している。次の問いに答えなさい。

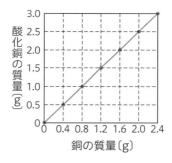

(1) 銅の質量と酸化銅の質量の間にはどのような関係があるか。

〔　　　　　　〕

(2) 1.2gの銅と結びついた酸素の質量は何gか。

〔　　　　　　〕

(3) 銅の質量と，銅に結びつく酸素の質量の比を，最も簡単な整数の比で答えなさい。

銅：酸素＝〔　　　　　　〕

(4) 1.8gの酸化銅を得るには，最低何gの銅が必要か。

〔　　　　　　〕

チャレンジ

解答 ➡ 別冊p.5

表は，マグネシウムの質量と酸化マグネシウムの質量の関係を表している。マグネシウムの質量と，マグネシウムに結びついた酸素の質量の関係を右のグラフに表しなさい。

マグネシウムの質量〔g〕	0.3	0.6	0.9	1.2	1.5
酸化マグネシウムの質量〔g〕	0.5	1.0	1.5	2.0	2.5

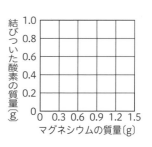

1 表の①～④は，水，窒素，マグネシウム，酸化銅のいずれかである。これについて，次の問いに答えなさい。

物質をつくる元素の種類	分子をつくる	分子をつくらない
1種類	①	②
2種類以上	③	④

(1)　①，②のように，1種類の元素からできている物質を何というか。

〔　　　　　　　〕

(2)　③の物質は何か。化学式で書きなさい。

〔　　　　　　　〕

(3)　次のア～エのうち，原子の性質について正しいものを選びなさい。

　ア　原子は，種類に関係なく，質量が等しい。
　イ　原子は，種類に関係なく，大きさが等しい。
　ウ　原子は，化学変化によって，それ以上分けることができない。
　エ　原子は，化学変化によって，別の種類の原子に変わることがある。

〔　　　　　　　〕

2 鉄粉と硫黄の粉末をよく混ぜ合わせ，試験管A，Bに入れた。図のように，試験管Aに入れた混合物の上部を加熱し，加熱部が赤くなり始めたら火を止めた。試験管Bは加熱しなかった。次の問いに答えなさい。

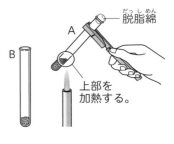

脱脂綿

上部を加熱する。

(1)　下線部のようにした後も，反応は続いた。この理由を簡単に説明しなさい。

〔　　　　　　　　　　　　　　　　　　　　　　〕

(2)　加熱後の試験管AとBを磁石に近づけた。磁石についたのは，A，Bのどちらか。

〔　　　　　　　〕

(3)　加熱後の試験管AとBの物質を少量取り出し，それぞれに塩酸を加えた。その結果として正しいものを次のア～エから選びなさい。

　ア　AもBも卵が腐ったようなにおいのする気体が発生した。
　イ　AもBもにおいのしない気体が発生した。
　ウ　Aは卵が腐ったようなにおいのする気体が，Bはにおいのしない気体が発生した。
　エ　Aはにおいのしない気体が，Bは卵が腐ったようなにおいのする気体が発生した。

〔　　　　　　　〕

(4)　(3)のA，Bで発生した気体名をそれぞれ書きなさい。

A〔　　　　　　　〕　B〔　　　　　　　〕

(5)　この実験から，加熱によって鉄や硫黄とは別の物質ができたことがわかる。このできた物質名を答えなさい。

〔　　　　　　　〕

(6)　鉄と硫黄の反応の化学反応式を書きなさい。

〔　　　　　　　〕

3 化学かいろ(携帯用かいろ)には，鉄粉と活性炭などが入っているものがあり，これらは化学変化を利用して熱を得ている。いろいろな化学変化による温度の変化を調べるために，次のような実験を行った。あとの問いに答えなさい。

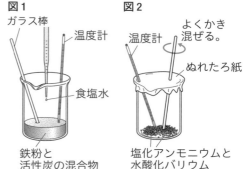

図1　図2

【実験1】　図1のように，ビーカーに鉄粉と活性炭の混合物を入れ，食塩水を数滴加えてガラス棒でかき混ぜ，温度を調べたところ，温度が上昇した。

【実験2】　図2のように，ビーカーに塩化アンモニウムと水酸化バリウムを入れ，ぬれたろ紙をかぶせた。塩化アンモニウムと水酸化バリウムをガラス棒でかき混ぜながら，温度を調べた。

(1)　実験1のような，熱を発生する反応を何というか。

〔　　　　　〕

(2)　化学かいろは，ビニル袋をあけないと発熱しないのはなぜか。

〔　　　　　〕

(3)　実験2で，ビーカーにぬれたろ紙をかぶせる理由を，この実験で発生する気体の性質をもとに簡単に説明しなさい。〔　　　　　〕

(4)　実験2では，温度はどうなるか。〔　　　　　〕

4 図のように，電子てんびんにうすい塩酸30cm³を入れたビーカーと石灰石1.0gをのせて，質量をはかった。次に，うすい塩酸の中に石灰石を入れたところ，気体が発生した。気体が発生しなくなるまで十分に反応させた後，薬包紙とともに質量をはかった。石灰石の質量を2.0g，3.0g，4.0g，5.0g，6.0gにして同様の実験を行った。下の表は，その結果である。あとの問いに答えなさい。

石灰石　うすい塩酸

石灰石の質量〔g〕	1.0	2.0	3.0	4.0	5.0	6.0
反応前の全体の質量〔g〕	133.42	134.42	135.42	136.42	137.42	138.42
反応後の全体の質量〔g〕	132.98	133.54	134.10	134.66	135.44	136.44

(1)　発生した気体は何か。化学式で答えなさい。　〔　　　　　〕

(2)　石灰石の質量が1.0gのとき，発生した気体の質量は何gか。

〔　　　　　〕

(3)　石灰石の質量と発生した気体の質量の関係を，右のグラフに表しなさい。

(4)　この実験で使ったうすい塩酸30cm³と過不足なく反応する石灰石の質量は何gか。

〔　　　　　〕

(5)　化学変化の前後で質量が変化しないことを確認するには，どのような装置で実験を行えばよいか。

〔　　　　　〕

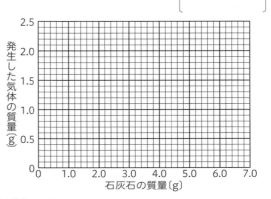

縦軸：発生した気体の質量〔g〕　横軸：石灰石の質量〔g〕

❾ 細胞と生物のからだ

チャート式シリーズ参考書 >>
第5章

✐ チェック

空欄をうめて，要点のまとめを完成させましょう。

【細胞のつくり】

① 染色液には［　　　　　　　　　　　］や酢酸カーミン液を
使う。

② 細胞のつくりで，染色液によく染まる丸いものを
［　　　　］という。

③ 核と細胞壁以外の部分をまとめて［　　　　　　　］という。

④ 細胞質のいちばん外側の膜を［　　　　　　］という。

⑤ 植物の細胞で，細胞膜の外側にある丈夫な仕切りを［　　　　　　　］
という。

⑥ 植物の細胞に見られる緑色の粒を［　　　　　　］という。

⑦ 植物の細胞に見られる，細胞の活動でできた物質が溶けた液が
入っている袋を［　　　　　］という。

【単細胞生物と多細胞生物】

⑧ ゾウリムシなどのように，からだが1つの細胞でできて
いる生物を［　　　　　　　］という。

⑨ オオカナダモなどのように，からだが多数の細胞ででき
ている生物を［　　　　　　　］という。

⑩ 形やはたらきが同じ細胞が集まったものを［　　　　　］と
いう。

⑪ いくつかの種類の組織が集まってでき，特定のはたらき
をするものを［　　　　　］という。

⑫ いくつかの器官が集まってできるものを［　　　　　　］という。

⑬ 細胞で，酸素を使って養分を分解し，生きるためのエネルギー
を取り出すはたらきを［　　　　　　　　］という。

ポイント

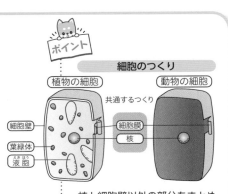

細胞のつくり

核と細胞壁以外の部分をまとめて細胞質という。

生物のからだの成り立ち

・単細胞生物：からだが1つの
細胞からできている生物。
例　ゾウリムシ，アメーバなど
・多細胞生物：からだが多数の
細胞からできている生物。

多細胞生物のからだの成り立ち

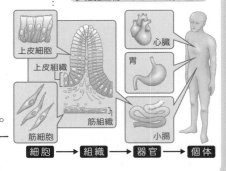

細胞 ➡ 組織 ➡ 器官 ➡ 個体

✐ トライ

解答 ➡ 別冊p.6

1 図は，細胞が行う，生きるためのエネルギーを取り出
すはたらきを表している。次の問いに答えなさい。

(1) Xは細胞に取り入れられる気体，Yは細胞でできる
気体を表している。X，Yの名称を答えなさい。

X［　　　　　　　　］　　Y［　　　　　　　　］

(2) このはたらきを何というか。

［　　　　　　　　　　］

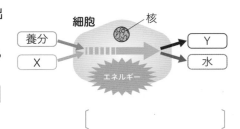

（チェックの解答）①酢酸オルセイン液　②核　③細胞質　④細胞膜　⑤細胞壁　⑥葉緑体　⑦液胞　⑧単細胞生物　⑨多細胞生物
⑩組織　⑪器官　⑫個体　⑬細胞の呼吸

2 図は，植物または動物の細胞のつくり
を表している。次の問いに答えなさい。

(1) A〜Eのつくりを何というか。

A [　　　　　　　]

B [　　　　　　　]

C [　　　　　　　]

D [　　　　　　　]

E [　　　　　　　]

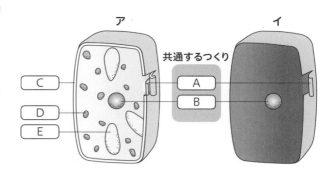

(2) 動物の細胞はア，イのどちらか。

[　　　　　]

(3) 染色液によく染まるつくりをA〜Eから選びなさい。

[　　　　　]

(4) 細胞質に含まれるつくりをA〜Eからすべて選びなさい。

[　　　　　]

3 図は，ゾウリムシを表している。次の問いに答え
なさい。

(1) ゾウリムシのからだはいくつの細胞でできてい
るか。

[　　　　　]

(2) (1)のような生物を何というか。

[　　　　　]

(3) (1)の生物を次のア〜エから選びなさい。

ア ミジンコ　　イ ホウセンカ

ウ ヒト　　　　エ ミカヅキモ

[　　　　　]

「単」という漢字には「１つ」と
いう意味があるよ。

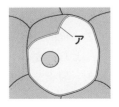

(4) 多細胞生物で，形やはたらきが同じ細胞が集まったものを何というか。

[　　　　　]

(5) いくつかの種類の(4)が集まって，特定のはたらきをもつものを何というか。

[　　　　　]

(6) 植物の根や葉は，細胞，(4)，(5)，個体のうちのどれにあたるか。

[　　　　　]

チャレンジ　· 解答 ➡ 別冊p.6

　ある細胞を顕微鏡で観察した。図は，その結果の模式図で，アは細胞膜
である。図から，この細胞は動物の細胞であることがわかる。その理由を
簡単に説明しなさい。

[

23

⑩ 光合成と呼吸

チェック

空欄をうめて，要点のまとめを完成させましょう。

【光合成】

① 光の当たった植物がデンプンなどの養分をつくり出すはたらきを［　　　　　］という。

② 光合成は，細胞の中の［　　　　　］で行われる。

③ 光合成が行われる部分を調べる実験で，葉を脱色するために使う薬品は［　　　　　］である。

④ デンプンの有無を調べるために使う薬品は［　　　　　］である。

⑤ デンプンがあると，ヨウ素液が［　　　　　］色に変化する。

⑥ 光合成で使われる気体は［　　　　　］である。

⑦ 光合成で発生する気体は［　　　　　］である。

⑧ BTB溶液は，酸性で［　　　］色，中性で緑色，アルカリ性で［　　　］色を示す。

⑨ 二酸化炭素が水に溶けると［　　　］性を示す。

【呼吸】

⑩ 酸素を取り入れ，二酸化炭素を出すはたらきを［　　　　　］という。

⑪ 二酸化炭素の有無を調べるために使う薬品は［　　　　　］である。

⑫ 二酸化炭素を通すと，石灰水が［　　　　　］にごる。

⑬ 光合成と呼吸のうち，1日中行われるのは［　　　　　］である。

ポイント

光合成が行われる部分を調べる実験

光
ふの部分
クリップ
アルミニウムはく
→ 熱湯につける
エタノール 80〜90℃の湯
葉を脱色する
→ 水で洗う
ヨウ素液

結果
青紫色に変化
↓
デンプンができた

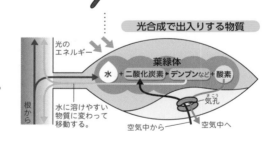

光合成で出入りする物質

光のエネルギー
葉緑体
水 ＋ 二酸化炭素 → デンプンなど ＋ 酸素
根から
水に溶けやすい物質に変わって移動する。
気孔
空気中から　空気中へ

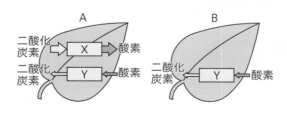

トライ

解答 ➡ 別冊p.6

1 図は，植物のからだに出入りする気体を表している。次の問いに答えなさい。

(1) X，Yのはたらきを何というか。
X［　　　　　］　Y［　　　　　］

(2) 夜間のようすを表しているのは，A，Bのどちらか。　　　［　　　　　］

(3) 酸素や二酸化炭素は，植物のからだの何という部分から出入りするか。　　　［　　　　　］

A
二酸化炭素 ⇨ X ⇨ 酸素
二酸化炭素 ⇨ Y ⇦ 酸素

B
二酸化炭素 ⇨ Y ⇦ 酸素

チェックの解答 ①光合成　②葉緑体　③エタノール　④ヨウ素液　⑤青紫　⑥二酸化炭素　⑦酸素　⑧黄，青　⑨酸　⑩呼吸　⑪石灰水　⑫白く　⑬呼吸

2 図1のように，A，Bのオオカナダモの葉にヨウ素液をかけて顕微鏡（けんびきょう）で観察した。図2はAの結果である。次の問いに答えなさい。

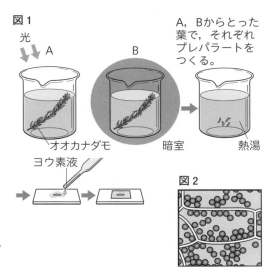

図1

光

A B

A，Bからとった葉で，それぞれプレパラートをつくる。

オオカナダモ 暗室 熱湯

ヨウ素液

図2

(1) Aのオオカナダモの葉にヨウ素液をかけると青紫色に変化した。葉には何ができているか。

[   ]

(2) 図2で見られる粒（つぶ）は何か。

[   ]

(3) この実験でわかる，植物の葉のはたらきを何というか。

[   ]

(4) Bのオオカナダモの葉にヨウ素液をかけると，色は変化するか。

[   ]

3 図1のような装置をつくり，袋Aには植物と空気，袋Bには空気だけを入れ，暗いところに数時間置いた。数時間後，図2のように，袋の中の空気を石灰水に通したところ，Aは白くにごったが，Bは変化しなかった。次の問いに答えなさい。

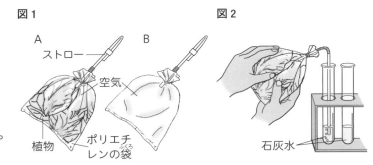

図1

A B

ストロー

空気

植物

ポリエチレンの袋（ふくろ）

図2

石灰水

(1) 石灰水を白くにごらせる気体は何か。

[   ]

(2) Aの植物が行ったはたらきを何というか。

[   ]

(3) この実験で，袋A，Bを暗いところに置くのは，植物が何というはたらきをするのを防ぐためか。

[   ]

チャレンジ

解答 ➡ 別冊p.6

図は，光を当てたオオカナダモと暗室に置いたオオカナダモの葉にヨウ素液をたらし，顕微鏡で観察したようすである。図から，光合成が行われる場所と光合成に必要なものを簡単に書きなさい。

[   ]

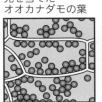
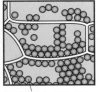

光を当てたオオカナダモの葉

暗所に置いたオオカナダモの葉

青紫色の粒 粒の色が変化していない

⑪ 水や養分の通り道と蒸散

チェック

空欄をうめて，要点のまとめを完成させましょう。

【根のつくりとはたらき】

① 根には，植物のからだを［　　　　　］はたらきがある。

② 根には，水や水に溶けた［　　　　　］（無機養分）を取り入れるはたらきがある。

③ 根の先端近くにある細い毛のようなものを［　　　　　］という。

④ 根毛によって根の表面積が［　　　　　］なる。

【茎のつくりとはたらき】

⑤ 根から吸収した水や肥料分が通る管を［　　　　　］という。

⑥ 葉でつくられた養分（有機養分）が通る管を［　　　　　］という。

⑦ 道管と師管が集まって束になったものを［　　　　　］という。

⑧ 茎の維管束が輪のように並んでいるのは，被子植物のうちの
　［　　　　　］類である。

⑨ 茎の維管束が全体に散らばっているのは，被子植物のうちの
　［　　　　　］類である。

【葉のつくりとはたらき】

⑩ 葉では，茎の維管束が枝分かれしたものを［　　　　　］ともいう。

⑪ 葉の表皮にある三日月形の細胞を［　　　　　］という。

⑫ 2つの孔辺細胞に囲まれたすき間を［　　　　　］という。

⑬ 植物のからだの中の水が水蒸気となって出ていくこと
　を［　　　　　］という。

ポイント

根のつくり（断面の模式図）

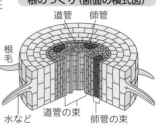

道管　師管
根毛
水など　道管の束　師管の束

茎のつくり（断面の模式図）

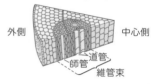

茎の断面（一部）
外側　　　　中心側
道管
師管
維管束

・双子葉類：維管束が輪のように並んでいる。

・単子葉類：維管束が全体に散らばっている。

葉のつくり（断面の模式図）

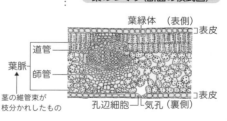

葉緑体　（表側）
表皮
道管
師管
葉脈
茎の維管束が
枝分かれしたもの
孔辺細胞　気孔（裏側）
表皮

トライ

解答 ➡ 別冊p.6

1 根のつくりとはたらきについて，次の問いに答えなさい。

(1) 根のはたらきとして間違っているものを，ア〜エから選びなさい。

　ア　肥料分を取り入れる。　　イ　植物のからだを支える。

　ウ　水を取り入れる。　　　　エ　養分をつくる。　　　　　　［　　　　］

(2) 次の文の　　　　に当てはまることばを答えなさい。

　根の先端近くにある細い毛のようなものを　①　という。①があることによって，根の
　②　が大きくなる。　　　　　　　　①［　　　　　］　②［　　　　　］

チェックの解答　①支える　②肥料分　③根毛　④大きく　⑤道管　⑥師管　⑦維管束　⑧双子葉　⑨単子葉　⑩葉脈
⑪孔辺細胞　⑫気孔　⑬蒸散

2 図は，根，茎，葉の断面を模式的に表している。あとの問いに答えなさい。

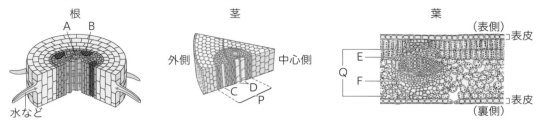

根　　　　　茎　　　　　葉

(1) 根から吸収した水や水に溶けた肥料分が通る管を何というか。

〔　　　　　　　　　〕

(2) (1)の管を根，茎，葉のA〜Fから1つずつ選びなさい。

根〔　　　〕　茎〔　　　〕　葉〔　　　〕

(3) 葉でつくられた養分(有機養分)が通る管を何というか。

〔　　　　　　　　　〕

(4) 茎で，Cの管とDの管が集まって束になった部分Pを何というか。

〔　　　　　　　　　〕

(5) Pは，葉では枝分かれしてQになる。Qを何というか。

〔　　　　　　　　　〕

3 同じ大きさで，葉の大きさや数が同じ枝を，図のようにして試験管にさした。1時間後，それぞれの水の減少量を調べた。表はその結果である。次の問いに答えなさい。

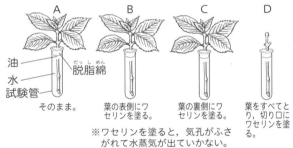

※ワセリンを塗ると，気孔がふさがれて水蒸気が出ていかない。

(1) 葉の表側からの蒸散量を求めるには，A〜Dのどれとどれを比べればよいか。

〔　　　　　　　　〕

(2) 葉の裏側からの蒸散量を求めるには，A〜Dのどれとどれを比べればよいか。

〔　　　　　　　　〕

枝	A	B	C	D
水の減少量〔cm³〕	a	13.0	5.0	1.0

 ワセリンを塗った部分は蒸散が行われないよ。

(3) 表のaに入る数値として，最も適当なものを，次のア〜オから選びなさい。

ア　16.8　　イ　17.0　　ウ　17.2
エ　18.0　　オ　18.2

〔　　　　　　〕

(4) この実験の結果から，蒸散が行われる気孔は，植物のからだのどの部分に多いと考えられるか。

〔　　　　　　　　　〕

解答 ➡ 別冊p.7

🖋 **チャレンジ** ....

図は，被子植物の双子葉類の茎の断面を模式的に表している。根から吸収した水や肥料分が通る管をすべて塗りつぶしなさい。

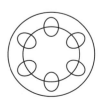

12 消化と吸収

チェック

空欄をうめて，要点のまとめを完成させましょう。

【食物の消化】

① 炭水化物と脂肪は，おもに [   ] 源になる。

② からだをつくる材料になるのは [   ] である。

③ 養分を分解して体内に取り入れやすい形に変えるはたらきを [   ] という。

④ 口→食道→胃→小腸→大腸→肛門という，食物の通り道を [   ] という。

⑤ 消化のはたらきをする液を [   ] という。

⑥ 消化液に含まれ，養分のうち，決まった物質を分解するはたらきをする物質を [   ] という。

⑦ だ液に含まれる消化酵素は [   ] である。

⑧ 胃液に含まれる消化酵素は [   ] である。

⑨ 肝臓でつくられ，胆のうに蓄えられる消化液は [   ] である。

⑩ デンプンが消化されると，最終的に [   ] になる。

⑪ タンパク質が消化されると，最終的に [   ] になる。

⑫ 脂肪が消化されると，最終的に脂肪酸と [   ] になる。

【養分の吸収とそのゆくえ】

⑬ 消化されてできた養分は，おもに [   ] で吸収される。

⑭ 小腸の壁にある小さな突起を [   ] という。

⑮ ブドウ糖とアミノ酸は，柔毛の [   ] に入る。

⑯ 脂肪酸とモノグリセリドは，柔毛内で再び脂肪になって [   ] に入る。

⑰ 草食動物と肉食動物のうち，体長に比べて腸が長いのは [   ] である。

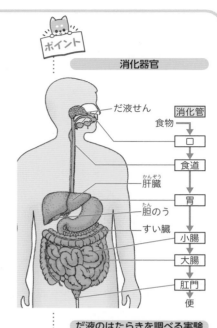

ポイント

消化器官

だ液せん
肝臓
胆のう
すい臓

消化管
食物
口
食道
胃
小腸
大腸
肛門
便

だ液のはたらきを調べる実験
・デンプンがあるとヨウ素液が青紫色に変化する。
・麦芽糖などがあるとベネジクト液で赤褐色の沈殿ができる。
・だ液は，デンプンを麦芽糖などに分解する。

養分の消化のしくみ

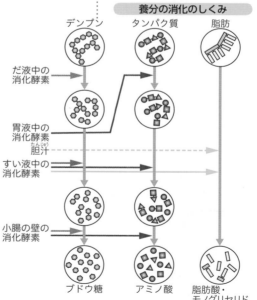

デンプン　タンパク質　脂肪

だ液中の消化酵素

胃液中の消化酵素
胆汁
すい液中の消化酵素

小腸の壁の消化酵素

ブドウ糖　アミノ酸　脂肪酸・モノグリセリド

チェックの解答 ①エネルギー ②タンパク質 ③消化 ④消化管 ⑤消化液 ⑥消化酵素 ⑦アミラーゼ ⑧ペプシン ⑨胆汁 ⑩ブドウ糖 ⑪アミノ酸 ⑫モノグリセリド ⑬小腸 ⑭柔毛 ⑮毛細血管 ⑯リンパ管 ⑰草食動物

解答 ➡ 別冊p.7

トライ

1 図のような手順で，だ液のはたらきを調べる実験を行った。表は，その結果を表している。次の問いに答えなさい。

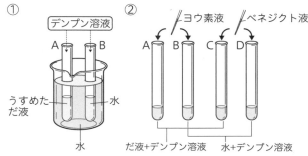

(1) 操作①で，ビーカーの水の温度は何℃ぐらいがよいか。次のア〜エから選びなさい。

ア 0℃ 　イ 20℃
ウ 40℃ 　エ 80℃

[　　　]

(2) 操作②で，ベネジクト液を加えた後，どのような操作が必要か。

[　　　　　　　]

(3) B，Cではどのような変化が見られたか。それぞれ次のア〜エから選びなさい。

ア 白色の沈殿ができた。 　イ 赤褐色の沈殿ができた。
ウ 青紫色に変化した。 　エ 黄色に変化した。

B[　] 　C[　]

(4) だ液のはたらきによって麦芽糖などができたことを確かめるには，A〜Dのどの試験管の結果を比べればよいか。2つ選びなさい。

[　　　　]

	ヨウ素液の反応	ベネジクト液の反応
デンプン溶液とだ液	A ×	C ○
デンプン溶液と水	B ○	D ×

○：変化あり 　　×：変化なし

> ヨウ素液やベネジクト液は，何に反応するかな。

2 図は，柔毛のつくりと吸収される養分を表している。次の問いに答えなさい。

脂肪酸—
モノグリセリド—
X
アミノ酸
ブドウ糖
Y

(1) 柔毛は，何という器官の壁にあるか。

[　　　　　]

(2) X，Yの管を何というか。

X[　　　] 　Y[　　　]

(3) 脂肪酸とモノグリセリドは，柔毛に吸収された後，何という物質になってYの管に入るか。

[　　　　]

(4) アミノ酸とブドウ糖は，食物の養分のうち，何が分解されてできたか。それぞれ次のア〜エから選びなさい。

ア 脂肪 　イ デンプン 　ウ タンパク質 　エ 無機物

アミノ酸[　] 　ブドウ糖[　]

チャレンジ

解答 ➡ 別冊p.7

だ液にはどのようなはたらきがあるか。「デンプン」ということばを使って簡単に説明しなさい。

[　　　　　　　　　　　　　　　　　]

13 呼吸

チェック

空欄をうめて，要点のまとめを完成させましょう。

【ヒトの肺のつくり】

① 鼻や口から吸いこまれた空気が通る管を〔　　　　〕という。

② 気管が細かく枝分かれしたものを〔　　　　〕という。

③ 気管支の先にある多数の小さい袋を〔　　　　〕という。

④ 肺胞のまわりを取り囲んでいる血管を〔　　　　〕という。

⑤ 肺で，血液に取りこまれる気体は〔　　　　〕である。

⑥ 肺で，血液から出される気体は〔　　　　〕である。

⑦ 多数の肺胞があることによって，空気に触れる表面積が〔　　　　〕なる。

【呼吸運動】

⑧ 肺には筋肉が〔　　　　〕。

⑨ 肺の下にある，筋肉でできた膜を〔　　　　〕という。

⑩ 肺を取り囲んでいる骨を〔　　　　〕という。

⑪ 肺が入っている空間を〔　　　　〕という。

⑫ 息を吸うときは，ろっ骨が〔　　　〕り，息をはくときは，ろっ骨が〔　　　〕る。

⑬ 息を吸うときは，横隔膜が〔　　　〕り，息をはくときは，横隔膜が〔　　　〕る。

⑭ 酸素と二酸化炭素が肺で交換されることを〔　　　　〕という。

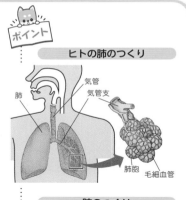

ヒトの肺のつくり

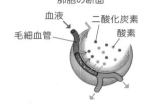

肺のつくり

肺呼吸：酸素を取り入れ，二酸化炭素を出す。

肺胞の断面

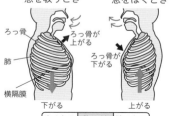

ヒトの呼吸運動

息を吸うとき　　息をはくとき

広くなる　胸腔　狭くなる

トライ

解答 ⇒ 別冊p.7

1 図は，気管支の先端にある袋Xと，Xでやりとりされる気体を模式的に表している。次の問いに答えなさい。

(1) 袋Xを何というか。〔　　　　〕

(2) 袋Xを取り囲んでいる血管を何というか。〔　　　　〕

(3) 血液から出される気体Pと血液に取りこまれる気体Qは何か。P〔　　　　〕 Q〔　　　　〕

(4) 酸素の多い血液が流れている血管は，ア，イのどちらか。〔　　　　〕

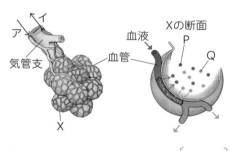

チェックの解答 ①気管 ②気管支 ③肺胞 ④毛細血管 ⑤酸素 ⑥二酸化炭素 ⑦大きく ⑧ない ⑨横隔膜 ⑩ろっ骨 ⑪胸腔 ⑫上が，下が ⑬下が，上が ⑭肺呼吸

2 図のようなモデル装置を使って肺の呼吸
運動を調べた。次の問いに答えなさい。

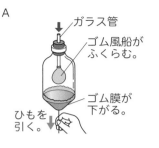

(1) 気管，肺，横隔膜のモデルを，それぞ
れ次のア〜ウから選びなさい。

　ア　ゴム風船　　イ　ゴム膜
　ウ　ガラス管

　　　　　気管〔　　　〕　肺〔　　　〕
　　　　　　　横隔膜〔　　　　〕

(2) 肺は，ろっ骨とろっ骨の間の筋肉と，横隔膜で囲まれた空間の中にある。この空間を何と
いうか。

〔　　　　　　　　〕

(3) 息をはくときのようすを表しているのは，図のA，Bのどちらか。

〔　　　　　　　　〕

(4) 息を吸うときのようすで，正しいものを次
のア〜エから選びなさい。

　ア　ろっ骨と横隔膜がともに上がる。
　イ　ろっ骨が上がり，横隔膜が下がる。
　ウ　ろっ骨と横隔膜がともに下がる。
　エ　ろっ骨が下がり，横隔膜が上がる。

息を吸うときは，肺を囲
む空間が広くなり，息を
はくときは，肺を囲む空
間が狭くなるよ。

〔　　　　　　〕

(5) 肺で，酸素と二酸化炭素が交換されることを何というか。

〔　　　　　　　　〕

(6) (5)に対し，全身の細胞が酸素を使って養分を分解してエネルギーを取り出し，二酸化炭素
と水ができるはたらきを何というか。

〔　　　　　　　　〕

3 図は，肺を囲む骨などを表している。次の問いに答えなさい。

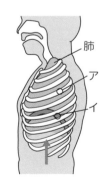

(1) 肺には筋肉がないが，アとイの動きによってふくらんだりもとの大き
さにもどったりする。ア，イの名称を書きなさい。

　　　　　　　ア〔　　　　　〕イ〔　　　　　〕

(2) 図のように，イが上がったときは，息を吸うときか，はくときか。

〔　　　　　　〕

解答 ➡ 別冊p.7

 チャレンジ

　肺には多数の肺胞があるので，酸素と二酸化炭素の交換を効率よく行うことができる。その
理由を，「空気」ということばを使って簡単に説明しなさい。

〔

〕

⑭血液の循環と排出

チェック

空欄をうめて，要点のまとめを完成させましょう。

【心臓と血液の循環】

① 心臓の周期的な運動を[　　　　　]という。

② 心臓は，左右合わせて[　　]つの部屋からできている。

③ 心臓で，血液が流れこむ部屋を[　　　　　]という。

④ 心臓で，血液を送り出す部屋を[　　　　　]という。

⑤ 心臓から送り出される血液が流れる血管を[　　　　　]という。

⑥ 心臓にもどる血液が流れる血管を[　　　　　]という。

⑦ 静脈には，血液の逆流を防ぐはたらきをする[　　　]がある。

⑧ 動脈と静脈を結ぶ細い血管を[　　　　　]という。

⑨ 心臓→肺以外の全身→心臓　という血液の経路を[　　　　　]という。

⑩ 心臓→肺→心臓　という血液の経路を[　　　　　]という。

⑪ 酸素が多く含まれる血液を[　　　　　]という。

⑫ 二酸化炭素が多く含まれる血液を[　　　　　]という。

【血液の成分】

⑬ 血液の成分のうち，酸素を運ぶ固形成分は[　　　　　]である。

⑭ 赤血球に含まれている赤い物質を[　　　　　]という。

⑮ 血液の成分のうち，細菌やウイルスを分解するのは[　　　　　]である。

⑯ 血液の液体成分を[　　　　　]という。

⑰ 血しょうの一部が毛細血管からしみ出し，細胞のまわりを満たしているものを[　　　　　]という。

【排出のしくみ】

⑱ アンモニアを尿素に変える器官は[　　　　　]である。

⑲ 尿をつくる器官は[　　　　　]である。

⑳ 尿を一時ため，体外に排出する器官は[　　　　　]である。

ヒトの心臓のつくり

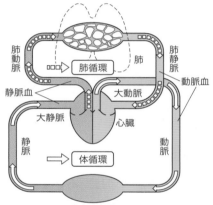

左心房
弁
右心房
右心室
左心室

正面から見た図なので，左右が逆になる。

血液の循環

肺循環
肺
肺動脈
肺静脈
動脈血
静脈血
大動脈
大静脈
心臓
静脈
動脈
体循環
全身の細胞

ヒトの血液の成分

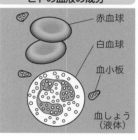

赤血球
白血球
血小板
血しょう（液体）

・赤血球：酸素を運ぶ。ヘモグロビンを含む。

・白血球：細菌などを分解する。

・血小板：出血したときに血液を固める。

・血しょう：養分や不要な物質を運ぶ。毛細血管からしみ出して組織液になる。

チェックの解答 ①拍動 ②4 ③心房 ④心室 ⑤動脈 ⑥静脈 ⑦弁 ⑧毛細血管 ⑨体循環 ⑩肺循環 ⑪動脈血 ⑫静脈血 ⑬赤血球 ⑭ヘモグロビン ⑮白血球 ⑯血しょう ⑰組織液 ⑱肝臓 ⑲じん臓 ⑳ぼうこう

1 図は，ヒトの血液循環のようすを模式的に表している。次の問いに答えなさい。

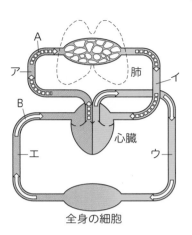

(1) 酸素を多く含む血液を何というか。

[　　　　　]

(2) 酸素を多く含む血液が流れる血管をア〜エから２つ選びなさい。

[　　　　　]

(3) 動脈をア〜エから２つ選びなさい。

[　　　　　]

(4) 体循環を表しているのは，A，Bのどちらの矢印か。

[　　　　　]

(5) 心臓や静脈にある，血液の逆流を防ぐつくりを何というか。

[　　　　　]

(6) 動脈と静脈をつなぐ細い血管を何というか。

[　　　　　]

2 図は，排出のはたらきをする器官を表している。次の問いに答えなさい。

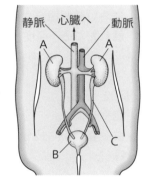

(1) 次の文の　　　に当てはまることばを書きなさい。

細胞で，タンパク質やアミノ酸が分解されると有害なアンモニアができる。アンモニアは ① に運ばれ，無害な ② に変えられる。

① [　　　　　] ② [　　　　　]

(2) 図のAは尿をつくる器官，Bは尿を一時ためて排出する器官である。A，Bを何というか。

A [　　　　　] B [　　　　　]

(3) 図のCは，AとBを結ぶ管である。Cを何というか。

[　　　　　]

(4) 図の動脈と静脈のうち，不要な物質が少ない血液が流れているのはどちらか。

[　　　　　]

血液に含まれる不要な物質は，Aの器官で取り除かれるよ。

ヘモグロビンは赤血球に含まれ，酸素を運ぶはたらきをする。ヘモグロビンの性質を，「酸素」ということばを使って簡単に説明しなさい。

[　　　　　　　　　　　　　　　　　　　　　　　　　　　　　　]

15 刺激と反応

チェック

空欄をうめて，要点のまとめを完成させましょう。

【感覚器官】

① 光，音，におい，味，温度，痛みなどの刺激を受け取る器官を［　　　　　　］という。

② 感覚器官にある，刺激を信号に変える細胞を［　　　　　　］という。

③ 目で，光を屈折させるつくりを［　　　　　］（水晶体）という。

④ 目に入る光の量を調節するつくりを［　　　　　　］という。

⑤ 目で，像が結ばれ，光の刺激を信号に変えるつくりを［　　　　　］という。

⑥ 耳で，空気の振動をとらえるつくりを［　　　　　］という。

⑦ 耳で，刺激の振動を信号に変えるつくりを［　　　　　　　］という。

⑧ においの刺激を受け取る感覚器官は［　　　　］である。

⑨ 触れたこと，温度，痛みなどの刺激を受け取る感覚器官は［　　　　　］である。

【刺激と反応】

⑩ 脳や脊髄を［　　　　　　　］という。

⑪ 脳や脊髄から枝分かれして，全身に張りめぐらされている神経を［　　　　　　　］という。

⑫ 感覚器官から中枢神経に信号を伝える神経を［　　　　　　］という。

⑬ 中枢神経から運動器官に信号を伝える神経を［　　　　　　］という。

⑭ 刺激に対して無意識に起こる反応を［　　　　　］という。

【運動のしくみ】

⑮ 骨と骨のつなぎめを［　　　　　］という。

⑯ 筋肉の両端の丈夫なつくりを［　　　　　　］という。

ポイント

ヒトの目のつくり

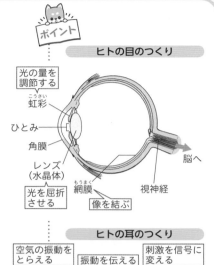

光の量を調節する　虹彩

ひとみ

角膜

レンズ（水晶体）

光を屈折させる

網膜

像を結ぶ

視神経

脳へ

ヒトの耳のつくり

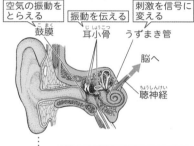

空気の振動をとらえる　鼓膜

振動を伝える　耳小骨

刺激を信号に変える　うずまき管

脳へ

聴神経

刺激と反応

・意識して起こす反応：
脳が命令の信号を出す。

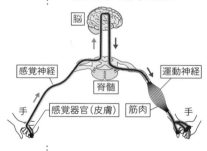

脳

感覚神経

運動神経

脊髄

手

感覚器官（皮膚）

筋肉

手

・無意識に起こる反応（反射）：
脊髄が命令の信号を出す。

運動のしくみ

筋肉縮む

けん

関節

筋肉ゆるむ

💮 **トライ**

1 次のようにして，刺激に対する反応時間を調べる実験を行った。表は，ものさしが落下する距離とそれにかかる時間の関係を示している。あとの問いに答えなさい。

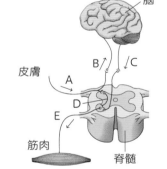

① 図のように，Aさんがものさしの上端をつかみ，Bさんはものさしの0の目盛りの位置に指をそえた。

距離〔cm〕	8	10	12	14	16	18	20
時間〔s〕	0.13	0.14	0.16	0.17	0.18	0.19	0.20

② Aさんは予告なしにものさしを落とし，Bさんはものさしが落ち始めるのを見たらすぐにものさしをつかんだ。

③ ものさしが落ちた距離をはかった。

(1) この実験で，刺激を受け取った感覚器官は何か。

〔　　　　　　　〕

(2) この実験で，「ものさしをつかめ」という命令の信号を出したのはどこか。

〔　　　　　　　〕

(3) 実験の③ではかった距離は16cmだった。Bさんがものさしをつかむまでにかかった時間は何秒か。

〔　　　　　　　〕

(4) この実験の反応は，意識して起こす反応と無意識に起こる反応のどちらか。

〔　　　　　　　〕

2 「熱いアイロンに手が触れ，思わず手を引っこめた」という反応について，次の問いに答えなさい。

(1) この反応のように，無意識に起こる反応を何というか。

〔　　　　　　　〕

(2) この反応で，命令の信号を出したのはどこか。

〔　　　　　　　〕

(3) この反応で，刺激を受け取ってから反応が起こるまでに信号が伝わった経路を，図のA〜Eから選んで左から順に並べなさい。ただし，図の矢印は信号が伝わる向きを表している。

〔　　　　　　　〕

(4) 脳や脊髄をまとめて何というか。

〔　　　　　　　〕

Aは感覚神経，Eは運動神経だね。

💮 **チャレンジ**

反射は，意識して起こす反応に比べて，刺激を受けてから反応するまでの時間が短い。その理由を，「脳」「脊髄」ということばを使って簡単に説明しなさい。

〔　　　　　　　　　　　　　　　　　　　　　　　　　　〕

1 表は，生物が行うはたらきや細胞のつくりについてまとめたものである。次の問いに答えなさい。

(1) 表のa，bに入るのは○，×のどちらか。それぞれ答えなさい。

a〔　　　〕　b〔　　　〕

(2) 表のc，dに当てはまるものを，次のア〜エからそれぞれすべて選びなさい。

		ヒト	オオカナダモ	ゾウリムシ
はたらき	呼吸を行う	○	○	a
	光合成を行う	×	b	×
細胞のつくり	c	○	○	○
	d	×	○	×

ア　細胞膜がある。　　イ　細胞壁がある。　　ウ　葉緑体がある。　　エ　核がある。

c〔　　　　　　〕　d〔　　　　　　〕

2 ある樹木の枝を，葉や茎の表面積がほぼ同じになるように4本切り取り，枝A〜Dとした。図のような装置に枝をさし，Aは葉の表側に，Bは葉の裏側に，Cは葉の両側にそれぞれワセリンを塗り，Dはワセリンを塗らなかった。1日後に水の減少量を調べたところ，表のようになった。次の問いに答えなさい。ただし，実験による水の減少量はすべて蒸散によるものとする。

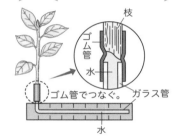

(1) 葉の表側と裏側からの蒸散量は，それぞれ何cm³か。

表側〔　　　　　〕　裏側〔　　　　　〕

(2) 次の文は，実験の結果からの考察である。文中の①，②に当てはまることばを書きなさい。

①〔　　　　〕　②〔　　　　〕

枝	A	B	C	D
水の減少量〔cm³〕	8.5	2.9	1.5	x

　　実験で，ワセリンを塗った部分の違いにより水の減少量が異なったことから，植物の各部分からの蒸散量を求めることができる。その結果，葉の　①　側のほうに，水蒸気の出口である　②　の数が多いことが考えられる。

(3) 表のxに当てはまる数字を次のア〜エから選びなさい。

ア　8.4　　イ　9.9　　ウ　11.4　　エ　12.9

〔　　　　〕

3 図のように，息をふきこんで緑色にしたBTB溶液を3本の試験管に入れ，試験管Aと試験管Bにオオカナダモを入れ，試験管Bはアルミニウムはくで包んだ。次に3本の試験管を1時間日光に当てたところ，試験管AのBTB溶液は青色に，試験管BのBTB溶液は黄色になった。次の問いに答えなさい。

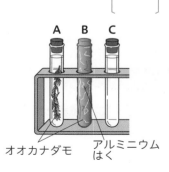

オオカナダモ　　アルミニウムはく

(1) 下線部の試験管AとB内の水溶液はそれぞれ酸性，アルカリ性，中性のどれか。

A〔　　　　　〕　B〔　　　　　〕

(2)　試験管Bのような結果になったのはなぜか。「光合成」,「呼吸」ということばを使って簡単に説明しなさい。

[　　　　　　　　　　　　　　　　　　　　　　　　]

(3)　試験管Aのオオカナダモからは,さかんに泡(あわ)が出ていた。この泡に含まれている気体は,おもに何か。

[　　　　　　　　　　]

4　次の文a〜cは,食物に含(ふく)まれる養分とそれにはたらく消化液を出す器官との関係を示したものである。また,図は,ヒトの消化に関係する器官を示している。あとの問いに答えなさい。

　a：養分Aは,だ液,器官Xから出る消化液と,小腸の壁(かべ)の消化酵素で消化される。
　b：養分Bは,器官Xから出る消化液と,<u>消化酵素を含まない消化液</u>で消化される。
　c：養分Cは,器官X,Yから出る消化液と,小腸の壁の消化酵素で消化される。

(1)　器官X,Yは何か。図のア〜カからそれぞれ選び,記号と名称を答えなさい。

　　　　　X　記号[　　]　名称[　　　　　　]

　　　　　Y　記号[　　]　名称[　　　　　　]

(2)　養分A〜Cはそれぞれ何か。

　　　　A[　　　　　]　B[　　　　　]　C[　　　　　]

(3)　器官Yから出る消化液に含まれる消化酵素は何か。

[　　　　　　　　　　]

(4)　bの文の下線部の消化液を何というか。

[　　　　　　　　　　]

5　図のように,10人が手をつないで並び,最初の人がストップウォッチを押すと同時に隣(となり)の人の右手を握(にぎ)り,握られた人はすぐに次の人の右手を握った。最後の人は右手を握られたらすぐに左手をあげ,それを見た最初の人がストップウォッチを止めて時間をはかった。この実験を数回行い平均した結果,1.8秒であった。次の問いに答えなさい。

(1)　右手を握られてから,次の人の右手を握るまでにかかる時間は,平均して1人当たり何秒か。　[　　　　　　　]

(2)　(1)の反応は,どのような経路を通るか。次の①〜④に当てはまることばを書きなさい。

　手の皮膚(ひふ)→ ① 神経→ ② → ③ → ② → ④ 神経→手の筋肉

　　　　　　①[　　　　　]　②[　　　　　]　③[　　　　　]　④[　　　　　]

16 気象観測

チェック

空欄をうめて，要点のまとめを完成させましょう。

【気象要素とその観測】

① 空全体の広さを10としたときの，雲が占める割合を〔　　　　　〕という。

② 雨や雪が降っていないとき，雲量が2～8の天気は〔　　　　　〕である。

③ 気温は，地上約〔　　　　　〕mの高さのところではかる。

④ 空気中に水蒸気が含まれている度合いを〔　　　　　〕という。

⑤ 乾湿計で，気温を示すのは〔　　　　　〕温度計の示度である。

⑥ 乾湿計で，湿球の示度は，乾球の示度と同じか〔　　　　　〕くなる。

⑦ 気圧の単位には〔　　　　　　　　〕（記号hPa）を使う。

⑧ 風向は，風の〔　　　　　〕方向を16方位で表す。

⑨ 風の強さは，風速や〔　　　　　〕で表す。

【圧力と気圧】

⑩ 一定の面積当たりに垂直にはたらく力の大きさを〔　　　　　〕という。

⑪ 圧力の単位には〔　　　　　　〕（記号Pa）を使う。

⑫ 圧力〔Pa〕＝ $\dfrac{力の大きさ〔N〕}{力がはたらく〔〕〔m^2〕}$

⑬ 空気（大気）による圧力を〔　　　　　〕という。

⑭ 標高の高いところでは，大気圧の大きさは〔　　　　　〕なる。

【継続的な気象観測】

⑮ 晴れの日に気温が最低になるのは，〔　　　　　〕のころである。

⑯ 晴れの日に気温が最高になるのは〔　　　　　〕時ごろである。

⑰ 晴れの日は，気温と湿度の変化は〔　　　　　〕になる。

⑱ くもりや雨の日は，気温や湿度の変化が〔　　　　　〕。

ポイント

雲量と天気

雲量	0～1	2～8	9～10
天気	快晴	晴れ	くもり

おもな天気記号

天気	記号
快晴	○
晴れ	◐
くもり	◎
雨	●
雪	⊗

天気と風向・風力の記号

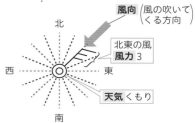

風向（風の吹いてくる方向）

北

西　　　東

南

北東の風
風力3

天気 くもり

大気圧の大きさ

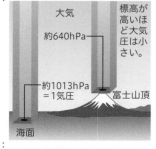

大気

約640hPa

標高が高いほど大気圧は小さい。

約1013hPa
＝1気圧

富士山頂

海面

気温と湿度の変化

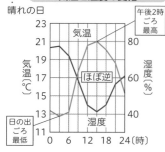

晴れの日

午後2時ごろ最高

気温

〔ほぼ逆〕

湿度

気温（℃）　湿度（%）

日の出ごろ最低

解答 ➡ 別冊p.9

トライ

1 図1のようなレンガを,図2のA〜Cのようにして机の上に置いた。次の問いに答えなさい。

図1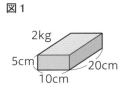

図2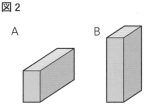

(1) 図1のレンガにはたらく重力の大きさは何Nか。
ただし,100gの物体にはたらく重力の大きさを1Nとする。

[   ]

(2) 机に加わる圧力が最も大きくなるのは,図2のA〜Cのどれか。

[   ]

(3) 図2のAで,力がはたらく面積は何m²か。

[   ]

面積の単位はm²だから,cmをmに直して計算しよう。1cm=0.01mだね。

(4) 図2のAのとき,机に加わる圧力は何Paか。

[   ]

(5) 図2のBのときに机に加わる圧力は,Cのときの何倍か。

[   ]

2 図は,4月13日から4月19日までの気温,湿度,気圧,天気,風向,風力の変化を記録したものである。あとの問いに答えなさい。

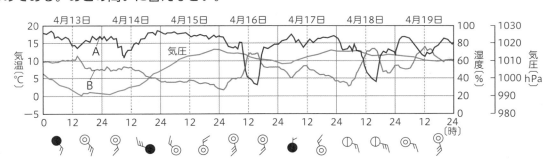

(1) A,Bは気温または湿度の変化のグラフである。気温の変化を表しているのは,A,Bのどちらか。

[   ]

(2) 4月13日の午後の天気,風向,風力を答えなさい。

天気[   ] 風向[   ] 風力[   ]

(3) 次の文の [   ] に当てはまることばを書きなさい。
晴れの日は,気温が上がると湿度は ① ,気温が下がると湿度は ② 。

①[   ] ②[   ]

チャレンジ

解答 ➡ 別冊p.9

次のときの天気,風向,風力を右の図に記号で表しなさい。
天気:くもり,風向:北西,風力:3

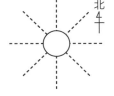

17 大気中の水蒸気の変化

チャート式シリーズ参考書 》
第11章 1

チェック

空欄をうめて，要点のまとめを完成させましょう。

ポイント

【飽和水蒸気量と露点】

① 1 m³の空気中に含むことのできる水蒸気の最大量を
〔　　　　　　　　　　〕という。

② 飽和水蒸気量は，気温が高いほど〔　　　　　　〕なる。

③ 空気中の水蒸気が水滴に変わることを〔　　　　　〕という。

④ 空気中の水蒸気が凝結し始めるときの温度を〔　　　　　〕と
いう。

⑤ 露点の測定の実験で，金属製のコップを使うのは，金属が
〔　　　　〕を伝えやすいためである。

⑥ 露点の測定の実験で，コップの表面がくもり始めたときの温度
が〔　　　　〕を示す。

【湿度】

⑦ 湿度〔％〕= $\dfrac{\text{空気 1 m}^3\text{中に含まれる水蒸気量〔g/m}^3\text{〕}}{\text{その気温での〔　　　　　　　〕〔g/m}^3\text{〕}}$ × 100

⑧ 空気中の水蒸気量が一定のとき，気温が高いほど，湿度は
〔　　　　〕なる。

⑨ 気温が一定のとき，空気中の水蒸気量が多いほど，湿度は
〔　　　　〕なる。

⑩ 空気中の水蒸気量が多いほど，露点は〔　　　　　〕なる。

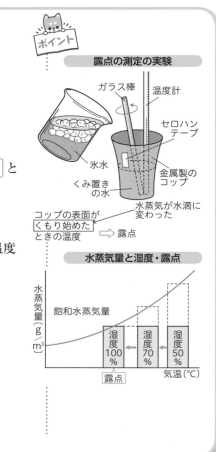

露点の測定の実験

ガラス棒　温度計
氷水
くみ置き
の水
セロハン
テープ
金属製の
コップ
水蒸気が水滴に
変わった
コップの表面が
くもり始めた
ときの温度 ⇒ 露点

水蒸気量と湿度・露点

飽和水蒸気量
湿度100％　湿度70％　湿度50％
露点　　　気温〔℃〕
水蒸気量〔g/m³〕

トライ

解答 ➡ 別冊p.9

1 下の表は，気温と飽和水蒸気量の関係を示している。あとの問いに答えなさい。

気温〔℃〕	19	20	21	22	23	24	25	26
飽和水蒸気量〔g/m³〕	16.3	17.3	18.3	19.4	20.6	21.8	23.1	24.4

(1) 20℃の空気 1 m³中に12.1 gの水蒸気が含まれているとき，湿度は何％か。小数第 1 位を四捨五入して，整数で答えなさい。

〔　　　　　　　　　〕

(2) 26℃の空気の湿度が60％であった。この空気 1 m³中に含まれている水蒸気量は何 gか。小数第 1 位を四捨五入して，整数で答えなさい。

〔　　　　　　　　　〕

(3) 26℃の空気の湿度が80％であった。この空気を冷やしていったとき，水滴ができ始める気温はおよそ何℃か。最も近い気温を表から選びなさい。

〔　　　　　　　　　〕

チェックの解答 ①飽和水蒸気量　②大きく　③凝結　④露点　⑤熱　⑥露点　⑦飽和水蒸気量　⑧低く　⑨高く　⑩高く

2 図のように，金属製のコップにくみ置きの水を入れ，ビーカー
に入れた氷水をコップに少しずつ入れ，水温が一定になるように
かき混ぜながら，コップの水温を下げていった。コップの表面に
水滴がつき始めたときの温度を調べたところ，**18℃**であった。表
は，気温と飽和水蒸気量の関係を示している。あとの問いに答え
なさい。

気温〔℃〕	14	15	16	17	18	19	20	21	22	23
飽和水蒸気量〔g/m³〕	12.1	12.8	13.6	14.5	15.4	16.3	17.3	18.3	19.4	20.6

(1) 下線部の温度を何というか。　　　　　　　　　　　　〔　　　　　〕

(2) このとき，コップについた水は，どこに含まれていた水か。

〔　　　　　〕

(3) このときの気温は22℃であった。コップの
水の温度を15℃まで下げたとき，空気1 m³当
たり何gの水滴が出てくるか。

> このときの空気1 m³中に
> 含まれている水蒸気量は
> 何gかな。

〔　　　　　〕

3 図は，気温と飽和水蒸
気量の関係を示している。
1 m³中に12gの水蒸気
を含む20℃の空気を冷
やしていったときについ
て，次の問いに答えなさ
い。

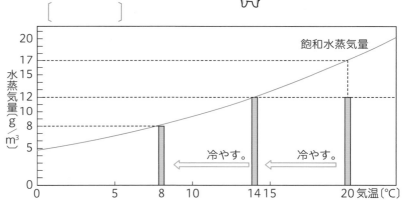

(1) 20℃のとき，空気1 m³
当たり，あと何gの水
蒸気を含むことができ
るか。

〔　　　　　〕

(2) 20℃のときの湿度は何％か。小数第1位を四捨五入して，整数で答えなさい。

〔　　　　　〕

(3) 14℃まで冷やしたとき，水蒸気の一部が水滴に変わり始めた。水蒸気が水滴に変わること
を何というか。　　　　　　　　　　　　　　　　　　　　　〔　　　　　〕

(4) (3)のときの湿度は何％か。

〔　　　　　〕

(5) 8℃まで冷やすと，空気1 m³当たり何gの水滴が出てくるか。

〔　　　　　〕

チャレンジ ⋯⋯⋯⋯⋯⋯⋯⋯⋯⋯⋯⋯⋯⋯⋯⋯⋯⋯⋯⋯⋯⋯⋯〔解答 ➡ 別冊p.10〕

飽和水蒸気量について，「水蒸気」ということばを使って簡単に説明しなさい。

〔　　　　　　　　　　　　　　　　　　　　　　　　　　　　　〕

41

🔟 雲のでき方と水の循環

✋ チェック

空欄をうめて，要点のまとめを完成させましょう。

【空気の体積変化と雲のでき方】

① ピストンを引くと，フラスコ内の空気の体積が［　　　　　　］なる。

② 空気が膨張すると，フラスコ内の空気の温度が［　　　　　　］。

③ ピストンを引くと，フラスコ内の空気中の水蒸気が［　　　　］に変わる。

④ ピストンを引くと，フラスコ内が［　　　　　　］。

⑤ ピストンを押すと，フラスコ内の空気の温度が［　　　　　　］。

⑥ ピストンを押すと，フラスコ内のくもりが［　　　　　　］。

【自然界での雲のでき方と降水】

⑦ 上空にいくほど，気圧は［　　　　　］なる。

⑧ 上空にいくほど，空気の温度は［　　　　　　］。

⑨ 上昇する空気の流れを［　　　　　　］という。

⑩ 下降する空気の流れを［　　　　　　］という。

⑪ 地表付近にできた雲を［　　　　］という。

⑫ 雨や雪などをまとめて［　　　　　］という。

【水の循環】

⑬ 水の循環をもたらしているのは，［　　　　　］のエネルギーである。

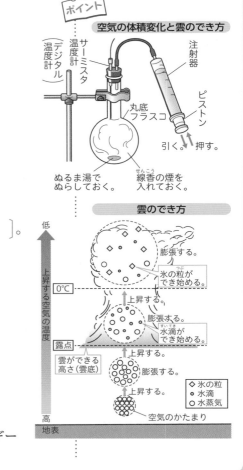

ポイント

空気の体積変化と雲のでき方

雲のでき方

✋ トライ

解答 ➡ 別冊p.10

1 図は，水の循環を示している。次の問いに答えなさい。

(1) 雨や雪などをまとめて何というか。

［　　　　　　］

(2) (1)を表す矢印を，図のア〜エからすべて選びなさい。

［　　　　　　］

(3) 水の循環をもたらしているのは何のエネルギーか。

［　　　　　　］

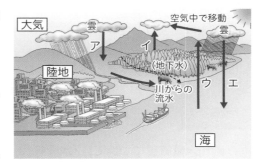

チェックの解答 ①大きく ②下がる ③水滴 ④くもる ⑤上がる ⑥消える ⑦低く ⑧下がる ⑨上昇気流 ⑩下降気流 ⑪霧 ⑫降水 ⑬太陽

2 図のような装置をつくり，注射器のピストンをすばやく引いたり押したりして，フラスコ内のようすと温度を調べた。次の問いに答えなさい。

温度計　注射器
ピストン
丸底フラスコ
（ぬるま湯でぬらし，線香の煙を入れておく）

(1) ピストンを引くと，フラスコの中はどうなったか。
〔　　　　　　　　　　〕

(2) ピストンを引くと，フラスコの中の空気の温度はどうなったか。
〔　　　　　　　　　　〕

(3) ピストンを引いたときは，自然界ではどのようなときと同じか。次のア〜ウから選びなさい。
　ア　空気が上昇するとき。　　イ　空気が下降するとき。　　ウ　空気が乾燥するとき。
〔　　　　　　〕

(4) (3)はどのようなときに起こるか。次のア〜エからすべて選びなさい。
　ア　空気が山の斜面に沿って上がるとき。　　イ　空気が山の斜面に沿って下るとき。
　ウ　地表付近の空気が冷やされたとき。　　エ　地表付近の空気があたためられたとき。
〔　　　　　　　　　〕

3 図は，水蒸気を含んだ空気のかたまりが上昇するようすを示している。次の問いに答えなさい。

(1) 上昇する空気の流れを何というか。
〔　　　　　　　　　　〕

(2) 空気のかたまりが上昇すると，空気の体積はどうなるか。
〔　　　　　　　　　　〕

(3) 空気のかたまりが上昇すると，空気の温度はどうなるか。
〔　　　　　　　　　　〕

(4) 図のAのときの空気の温度を何というか。
〔　　　　　　　　　　〕

(5) 水滴を表しているのは，◇ ● ○のどれか。
〔　　　　　　　　　　〕

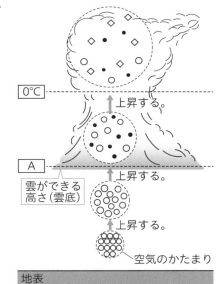
0℃
上昇する。
A
雲ができる高さ（雲底）
上昇する。
上昇する。
空気のかたまり
地表

上空にいくほど，気圧は低くなるよ。
◇は，0℃より上でできているね。

🌀 **チャレンジ** ・・ 解答 ➡ 別冊p.10

雲のでき方について，「温度」「水蒸気」ということばを使って簡単に説明しなさい。
　水蒸気を含んだ空気のかたまりが上昇すると，
〔　　〕

19 気圧配置と風

チャート式シリーズ参考書 ≫
第12章 1

✏ チェック

空欄をうめて，要点のまとめを完成させましょう。

【気圧配置】

① 同時刻の気圧の値の等しい地点を結んだ曲線を〔　　　　　〕という。

② 等圧線は，1000hPaを基準に，〔　　　〕hPaごとに細い実線で結ぶ。

③ 等圧線は，1000hPaを基準に，〔　　　〕hPaごとに太い実線で結ぶ。

④ 気圧の分布のようすを〔　　　　　〕という。

⑤ 等圧線が閉じていて，まわりより中心の気圧が高いところを〔　　　　　〕という。

⑥ 等圧線が閉じていて，まわりより中心の気圧が低いところを〔　　　　　〕という。

⑦ 気圧配置を表した地図に，各地で観測した気象要素を図記号で記入したものを〔　　　　　〕という。

【気圧配置と風や天気】

⑧ 風は，気圧の〔　　　　　〕ほうから〔　　　　　〕ほうに向かって吹く。

⑨ 天気図で等圧線の間隔が狭いほど，風が〔　　　〕吹く。

⑩ 高気圧の地表付近では，中心からまわりに向かって風が吹き〔　　　〕。

⑪ 低気圧の地表付近では，中心に風が吹き〔　　　〕。

⑫ 高気圧の中心付近では〔　　　〕気流が発生する。

⑬ 低気圧の中心付近では〔　　　〕気流が発生する。

⑭ 高気圧と低気圧のうち，雲が発生しやすいのは〔　　　〕である。

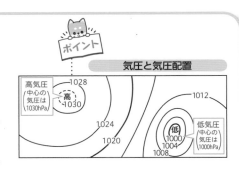

ポイント

気圧と気圧配置

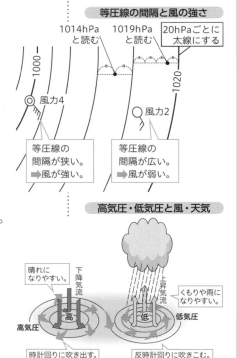

等圧線の間隔と風の強さ

1014hPa と読む　1019hPa と読む　20hPaごとに太線にする

風力4　　風力2

等圧線の間隔が狭い。➡風が強い。

等圧線の間隔が広い。➡風が弱い。

高気圧・低気圧と風・天気

晴れになりやすい。　下降気流　上昇気流　くもりや雨になりやすい。

高気圧　低気圧

時計回りに吹き出す。　反時計回りに吹きこむ。

✏ トライ

〔 解答 ➡ 別冊p.10 〕

1 次のア〜エから正しいものを選びなさい。

ア　気圧が1000hPaより高いところを高気圧，低いところを低気圧という。

イ　高気圧の中心付近には上昇気流があり，低気圧の中心付近には下降気流がある。

ウ　高気圧の中心付近では晴れやすく，低気圧の中心付近ではくもりや雨になりやすい。

エ　天気図で等圧線の間隔が広いほど，風が強く吹く。

〔　　　〕

チェックの解答 ①等圧線　②4　③20　④気圧配置　⑤高気圧　⑥低気圧　⑦天気図　⑧高い，低い　⑨強く　⑩出す　⑪こむ
⑫下降　⑬上昇　⑭低気圧

2 図は，ある日の日本付近の気圧配置である。次の問いに
答えなさい。

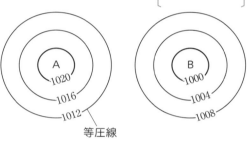

(1) 地点Pの気圧は，約何hPaか。次のア～エから最も近
いものを選びなさい。

ア 1002hPa 　イ 1004hPa
ウ 1006hPa 　エ 1008hPa

〔 　　　 〕

(2) 地点Pの風向はどれか。次のア～エから最も適当なも
のを選びなさい。

ア 東 　　イ 西 　　ウ 南 　　エ 北

〔 　　　 〕

(3) 地点A～Cのうち，最も強い風が吹いているのはどこか。

〔 　　　 〕

(4) X付近にあるのは，高気圧と低気圧のどちらか。

〔 　　　 〕

3 図は，高気圧または低気圧付近の等圧線を表し
ている。次の問いに答えなさい。

(1) 低気圧は，A，Bのどちらか。

〔 　　　 〕

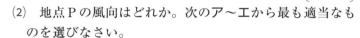

等圧線

(2) A，Bの地上付近の風はどのように吹いてい
るか。次のア～エから1つずつ選びなさい。

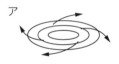  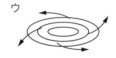 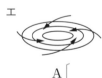

A〔 　　 〕 B〔 　　 〕

(3) A，Bの上空のようすとして適当なものを，次のア～エから1つずつ選びなさい。

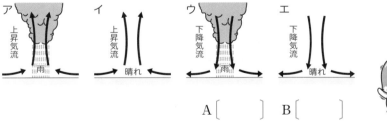

雲のでき方を
思い出そう。
空気が上昇す
ると，膨張し
て温度が下が
るよ。

A〔 　　 〕 B〔 　　 〕

💬 **チャレンジ** ································· 〔解答 ➡ 別冊p.11〕

高気圧の中心付近の天気は晴れになりやすく，低気圧の中心付近の天気はくもりや雨になり
やすい。その理由を，「気流」ということばを使って簡単に説明しなさい。

・高気圧 〔 　　　　　　　　　　　　　　　　　　　　　　　　　　　 〕

・低気圧 〔 　　　　　　　　　　　　　　　　　　　　　　　　　　　 〕

⑳前線と天気の変化

チェック

空欄をうめて，要点のまとめを完成させましょう。

【気団と前線】

① 気温や湿度がほぼ一様になっている，大規模な空気のかたまりを［　　　　　］という。

② 冷たい空気をもつ気団を［　　　　　］という。

③ あたたかい空気をもつ気団を［　　　　　］という。

④ 寒気団と暖気団の境界面を［　　　　　］という。

⑤ 前線面が地表面に接してできる線を［　　　　　］という。

【前線の種類】

⑥ 寒気が暖気の下にもぐりこみ，暖気を押し上げながら進んでいく前線を［　　　　　］という。

⑦ 暖気が寒気の上にはい上がり，寒気を押しながら進んでいく前線を［　　　　　］という。

⑧ 寒冷前線が温暖前線に追いついてできる前線を［　　　　　］という。

⑨ 寒気と暖気がぶつかって，ほとんど動かない前線を［　　　　　］という。

⑩ 中緯度帯で発生し，前線を伴う低気圧を［　　　　　］という。

【前線と天気の変化】

⑪ 寒冷前線付近で発生するのは，［　　　　　］雲である。

⑫ 寒冷前線の通過時には，強い雨が［　　　　　］い範囲に短い時間降る。

⑬ 寒冷前線の通過後は，気温が［　　　　　］がる。

⑭ 寒冷前線の通過後は，［　　　　　］寄りの風が吹く。

⑮ 温暖前線付近で発生するのは，［　　　　　］雲や高層雲などである。

⑯ 温暖前線の通過時には，弱い雨が広い範囲に［　　　　　］い時間降る。

⑰ 温暖前線の通過後は，気温が［　　　　　］がる。

⑱ 温暖前線の通過後は，［　　　　　］寄りの風が吹く。

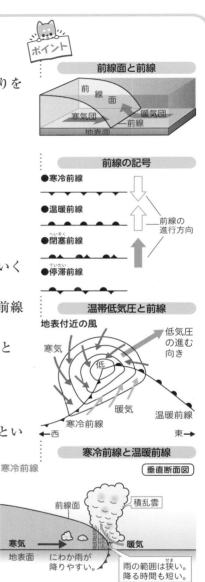

ポイント

前線面と前線

前線面　寒気団　暖気団　前線　地表面

前線の記号

●寒冷前線

●温暖前線

●閉塞前線

●停滞前線

前線の進行方向

温帯低気圧と前線

地表付近の風

寒気　低　低気圧の進む向き　暖気　温暖前線　寒冷前線

←西　東→

寒冷前線と温暖前線

垂直断面図

前線面　積乱雲

寒気　暖気　地表面　にわか雨が降りやすい。

雨の範囲は狭い。降る時間も短い。

・通過後は気温が下がる。
・通過後は風向が北寄りになる。

垂直断面図

前線面　乱層雲など　暖気　寒気　地表面　穏やかな雨が降り続く。

雨の範囲は広い。降る時間も長い。

・通過後は気温が上がる。
・通過後は風向が南寄りになる。

チェックの解答　①気団　②寒気団　③暖気団　④前線面　⑤前線　⑥寒冷前線　⑦温暖前線　⑧閉塞前線　⑨停滞前線　⑩温帯低気圧　⑪積乱　⑫狭　⑬下　⑭北　⑮乱層　⑯長　⑰上　⑱南

1 図は，日本付近の低気圧と前線を表している。次の問いに答えなさい。

(1) 図のように，前線を伴う低気圧を何というか。

[   ]

(2) 図の低気圧の進む向きを，ア〜エから選びなさい。

[   ]

(3) A，Bの前線をそれぞれ何というか。

A [   ]　　B [   ]

(4) A，Bの前線の垂直断面のようすを，次のア〜エから1つずつ選びなさい。

ア	イ	ウ	エ
暖気／寒気	寒気／暖気	寒気 暖気	暖気 寒気

A [   ]

B [   ]

2 図は，ある日の気圧，気温，天気，風向，風力の変化を表している。次の問いに答えなさい。

(1) この日には，前線が通過したことがわかっている。この日に通過したのは温暖前線と寒冷前線のどちらか。

[   ]

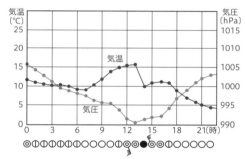

前線の通過後に気温が下がるのは，温暖前線と寒冷前線のどちらだったかな？

(2) (1)の前線が通過した時刻を，次のア〜エから選びなさい。

ア　3時から6時の間　　イ　9時から12時の間

ウ　12時から15時の間　　エ　15時から18時の間

[   ]

(3) 温暖前線について述べた文として正しいものを，次のア〜エから選びなさい。

ア　積乱雲が発達し，通過後は気温が上がり，風向は南寄りに変わる。

イ　乱層雲が発達し，通過後は気温が上がり，風向は南寄りに変わる。

ウ　積乱雲が発達し，通過後は気温が下がり，風向は北寄りに変わる。

エ　乱層雲が発達し，通過後は気温が下がり，風向は北寄りに変わる。

[   ]

温暖前線，寒冷前線の通過後の気温と風向の変化について簡単に説明しなさい。

・温暖前線 [   ]

・寒冷前線 [   ]

21 大気の動き

チェック

空欄をうめて，要点のまとめを完成させましょう。

【地球規模での大気の動き】

① 地球の緯度帯は，低緯度帯，中緯度帯，高緯度帯に分けられ，日本が位置しているのは〔　　　　　〕緯度帯である。

② 中緯度帯の上空を西から東へ吹く風を〔　　　　　　　〕という。

【陸上と海上の大気の動き】

③ 海岸付近で，陸上と海上の空気の温度差によって吹く風を〔　　　　　　〕という。

④ 陸と海のうち，あたたまりやすく冷えやすいのは〔　　　　　〕である。

⑤ 晴れた日の昼に，気温がより高くなるのは，陸上と海上のうち，〔　　　　　〕である。

⑥ 晴れた日の昼に，陸上では〔　　　　　〕気流が発生する。

⑦ 晴れた日の昼に，気圧が低くなるのは，陸上と海上のうち，〔　　　　　〕である。

⑧ 海岸付近で，晴れた日の昼に吹く風を〔　　　　　〕という。

⑨ 晴れた日の夜に，下降気流ができて気圧が高くなるのは，陸上と海上のうち，〔　　　　　〕である。

⑩ 海岸付近で，晴れた日の夜に吹く風を〔　　　　　〕という。

【大陸と海洋の間の大気の動き】

⑪ 夏は，大陸上の気温が海洋上の気温より〔　　　　　〕なる。

⑫ 夏は，大陸上に〔　　　　　〕気流が発生する。

⑬ 夏は，大陸上の気圧が海洋上の気圧より〔　　　　　〕なる。

⑭ 夏は，〔　　　　〕から〔　　　　　〕に向かう風が吹く。

⑮ 冬は，〔　　　　〕から〔　　　　　〕に向かう風が吹く。

⑯ 季節に特徴的な風を〔　　　　　〕という。

⑰ 夏に日本列島に吹く季節風の風向はおもに〔　　　　　〕である。

⑱ 冬に日本列島に吹く季節風の風向はおもに〔　　　　　〕である。

ポイント

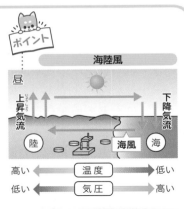

海陸風

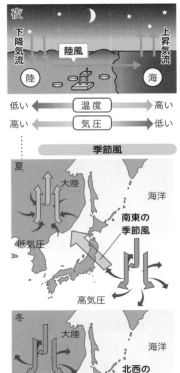

季節風

チェックの解答 ①中 ②偏西風 ③海陸風 ④陸 ⑤陸上 ⑥上昇 ⑦陸上 ⑧海風 ⑨陸上 ⑩陸風 ⑪高く ⑫上昇 ⑬低く ⑭海洋，大陸 ⑮大陸，海洋 ⑯季節風 ⑰南東 ⑱北西

解答 ➡ 別冊p.11

トライ

1 図は，地球規模での大気の動きを表している。次の問いに
答えなさい。

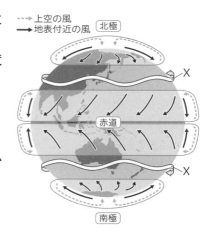

(1) 日本が位置しているのは，低緯度帯，中緯度帯，高緯度
帯のうちのどこか。

[   ]

(2) (1)の緯度帯の上空に吹いているXの風を何というか。

[   ]

(3) Xの風の影響によって，日本付近の低気圧はどの方位か
らどの方位へ移動するか。次のア～エから選びなさい。

 ア 北から南 イ 南から北
 ウ 東から西 エ 西から東

[   ]

2 図は，晴れた日の海
岸付近の大気の動きを
表している。次の問い
に答えなさい。

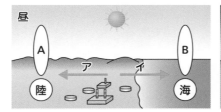 

(1) 昼と夜で，気温が
より高くなっている
のは，それぞれ海と
陸のどちらか。

昼[   ] 夜[   ]

(2) 昼と夜で，気圧がより高くなっているのは，それぞれ海と陸のどちらか。

昼[   ] 夜[   ]

(3) 上昇気流が発生しているところを，図のA～
Dからすべて選びなさい。

[   ]

あたたまりやすく冷えや
すいのは，陸と海のどち
らかな？ 昼と夜では風
の向きが逆になるよ。

(4) 昼と夜の風の向きは，それぞれア，イのどち
らか。

昼[   ] 夜[   ]

(5) 昼と夜に吹く風を，それぞれ何というか。

昼[   ] 夜[   ]

チャレンジ

解答 ➡ 別冊p.11

日本列島付近に吹く夏と冬の季節風について，「大陸」，「海洋」ということばを使って，風向
とともに簡単に説明しなさい。

・夏 [   ]

・冬 [   ]

㉒日本の天気

チェック

空欄をうめて，要点のまとめを完成させましょう。

【日本付近の気団】

① 北と南の気団で，冷たいのは[　　　]の気団である。

② 大陸上と海洋上の気団で，湿っているのは[　　　　　]の気団である。

③ 日本の北西の大陸上に発達する気団を[　　　　　]気団という。

④ 日本の北東の海洋上に発達する気団を[　　　　　　　　]気団という。

⑤ 日本の南東の海洋上に発達する気団を[　　　　　]気団という。

【日本の四季の天気】

⑥ 冬に形成されるのは[　　　　　]気団である。

⑦ 冬に特徴的な気圧配置を[　　　　　　]の冬型の気圧配置という。

⑧ 冬の季節風の風向は[　　　　　]である。

⑨ 冬の日本海側の天気は，くもりや[　　　　]になることが多い。

⑩ 冬の太平洋側の天気は，[　　　　]になることが多い。

⑪ 春や秋によくみられる，移動する高気圧を[　　　　　　]という。

⑫ 初夏のころにできる停滞前線を[　　　　　]という。

⑬ 夏の終わりにできる停滞前線を[　　　　　]という。

⑭ 夏に形成されるのは[　　　　]気団である。

⑮ 夏の気圧配置は[　　　　]である。

⑯ 夏の季節風の風向は[　　　　]である。

⑰ 夏は晴れの日が多いが，急激な上昇気流によって[　　　]雲が発達し，にわか雨や雷になることもある。

⑱ 熱帯低気圧のうち，中心付近の最大風速が17.2m/s以上になったものを[　　　]という。

ポイント

日本付近の気団

シベリア気団　（冬）
冷たい。
乾燥している。

（初夏・秋）
オホーツク海気団
冷たい。
湿っている。

（夏）
小笠原気団
あたたかい。
湿っている。

日本の四季の天気図

冬　シベリア高気圧
北西の季節風
西高東低の気圧配置

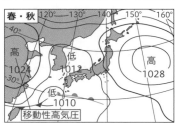

春・秋
移動性高気圧

つゆ（梅雨）　オホーツク海気団
梅雨前線
小笠原気団

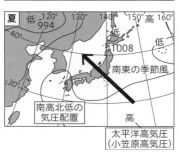

夏
南東の季節風
南高北低の気圧配置
太平洋高気圧
（小笠原高気圧）

チェックの解答　①北　②海洋上　③シベリア　④オホーツク海　⑤小笠原　⑥シベリア　⑦西高東低　⑧北西　⑨雪　⑩晴れ　⑪移動性高気圧　⑫梅雨前線　⑬秋雨前線　⑭小笠原　⑮南高北低　⑯南東　⑰積乱　⑱台風

解答 ➡ 別冊p.12

1 図は，日本付近の気団を表している。次の問いに
答えなさい。

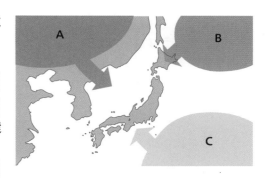

(1) A〜Cの気団をそれぞれ何というか。

A〔　　　　　　　〕　B〔　　　　　　　〕

C〔　　　　　　　〕

(2) 次の性質をもつ気団を，それぞれA〜Cから選
びなさい。

① あたたかく湿っている。　〔　　　　〕

② 冷たく湿っている。　〔　　　　〕

③ 冷たく乾燥している。　〔　　　　〕

(3) 夏に発達するのは，A〜Cのどれか。

〔　　　　　　〕

2 図は，ある季節の日本付近の気圧配置を表している。次
の問いに答えなさい。

(1) 図の季節を次のア〜エから選びなさい。

ア 夏　イ 秋　ウ 冬　エ 春

〔　　　　　　〕

(2) 図の季節に特徴的な気圧配置を何というか。漢字4
文字で答えなさい。　〔　　　　　　〕

(3) 図の季節に吹く季節風の風向を，次のア〜エから選
びなさい。

ア 北東　イ 北西　ウ 南東　エ 南西

〔　　　　　　〕

風は，気圧の高いほうから低いほうに向かって吹くよ。

(4) 図の季節の日本海側と太平洋側の天気を，それぞれ
次のア〜エから1つずつ選びなさい。

ア 天気が周期的に変わる。　イ 乾燥した晴れの日が多い。

ウ くもりや雪の日が多い。　エ 大雨や強風になり，雷を伴うこともある。

日本海側〔　　　　〕　太平洋側〔　　　　　〕

解答 ➡ 別冊p.12

💠 **チャレンジ**

冬にシベリア気団から吹く風は乾燥しているの
に，日本海側に大雪が降るのはなぜか。図を参考
にして簡単に説明しなさい。

季節風が日本海の上を通過する間に

〔

　

　

　

〕

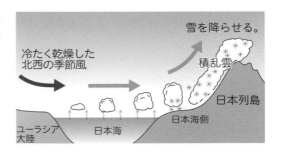

1 図1のようなレンガをスポンジの上にのせ，スポンジ のへこみ方を調べた。次の問いに答えなさい。

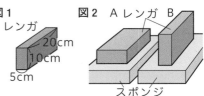

図1
レンガ
20cm
10cm
5cm

図2　A レンガ B
スポンジ

(1) レンガを図2のAのようにのせたときと，Bのよう にのせたときで，スポンジが深く沈むのはどちらか。

〔　　　　　〕

(2) Bの沈む深さは，Aの何倍か。

〔　　　　　　　　　　〕

2 図1は，ある日の気温と湿度を記録したものである。次の問い に答えなさい。

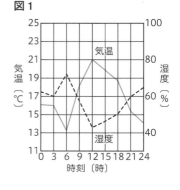

(1) 気温が最低と最高になるのはいつごろか。それぞれ次のア〜 ウから選びなさい。

ア　昼過ぎ　　イ　日没後　　ウ　明け方

最低〔　　　〕　最高〔　　　〕

(2) この日の天気は，晴れ，雨のどちらか。

〔　　　　　〕

(3) (2)のように答えた理由を書きなさい。

〔　　　　　　　　　　　　　　　　〕

(4) このグラフから，気温が上がると湿度はどうなっているか。

〔　　　　　　　　　　　　　〕

図2
北
西　　東
南

(5) この日の15時ごろ，北北東の風，風力は3，天気は(2)のとおりだっ た。この天気図記号を図2にかきなさい。

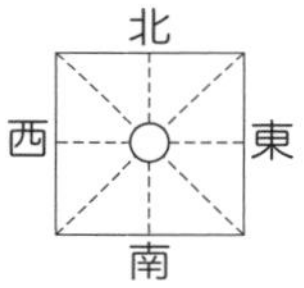

3 表1は，A，B，Cの各部屋における気 温と空気1m³中に含まれる水蒸気量の関係 を示したものである。また，表2は，気温 と飽和水蒸気量の関係を示している。次の 問いに答えなさい。

表1

部屋	A	B	C
気温〔℃〕	15	20	30
空気1m³中に含まれる水蒸気量〔g/m³〕	10	10	20

表2

気温〔℃〕	5	10	15	20	25	30	35
飽和水蒸気量〔g/m³〕	6.8	9.4	12.8	17.3	23.1	30.4	39.6

(1) A〜Cの部屋の空気を，湿度の高い順に並べなさい。

〔　　　＞　　　＞　　　〕

(2) Bの部屋の湿度を，小数第2位を四捨五入して，小数第1位まで求めなさい。

〔　　　　　　　　　〕

(3) Cの部屋の体積は300m³である。この空気が密閉された状態で30℃から15℃まで冷えたと き，この部屋の中で何gの水滴が生じるか。次のア〜オから最も近いものを選びなさい。

ア　900g　　イ　2100g　　ウ　3000g　　エ　3900g　　オ　5100g

〔　　　　　〕

4 図は，5月23日と5月24日の天気図である。次の問いに答えなさい。

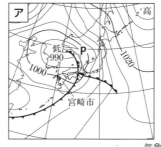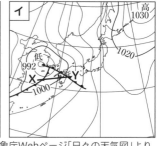

気象庁Webページ「日々の天気図」より

(1) 5月23日の天気図は，ア，イのどちらか。

[   ]

(2) アのPの部分の前線を何というか。

[   ]

(3) イのX－Yの断面図として正しいものを次のア～エから選びなさい。

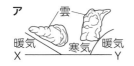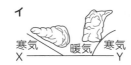

[   ]

(4) この2日間の宮崎市の天気について述べた，次の文の①，②に当てはまることばを書きなさい。

　宮崎市では，西寄りの風が吹いていたが，夕方ごろから積乱雲が空全体をおおい，夜，にわか雨が（　①　）時間降った。風は（　②　）寄りに変わった。

①[   ]　②[   ]

5 日本の冬の天気について，次の問いに答えなさい。

(1) 冬の天気図を右のア～エから選びなさい。

[   ]

(2) 冬に特徴的に見られる気圧配置を何というか。次のア～エから選びなさい。

ア　南高北低　　イ　北高南低
ウ　西高東低　　エ　東高西低

[   ]

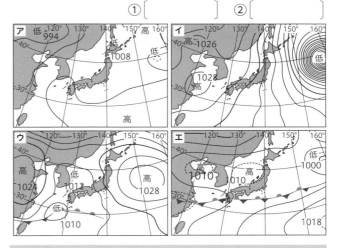

(3) 図は，冬の季節風と日本の天気の関係の模式図である。日本海側の天気と太平洋側の天気が違う理由を述べた次の文の①，④，⑤に当てはまることばを書きなさい。②，③は当てはまる記号を選びなさい。

　冬になると（　①　）気団が形成し，この気団から吹く，②（ア　冷た　　イ　あたたか）くて③（ア　湿った　　イ　乾燥した）季節風が，日本海を渡るときに水蒸気を含み，日本列島の山脈にぶつかって（　④　）気流となり，（　⑤　）を降らせる。水分を失った空気は山脈をこえて吹き，太平洋側に晴天をもたらす。

①[   ]　②[   ]　③[   ]　④[   ]　⑤[   ]

23 回路を流れる電流

チャート式シリーズ参考書 >>
第14章 1

チェック

空欄をうめて，要点のまとめを完成させましょう。

【回路】

① 電流が流れる道すじを〔　　　〕という。

② 電流は電源の〔　〕極から出て〔　〕極に入る。

③ 電流の流れる道すじが1本で分かれ道がない回路を〔　　　　〕という。

④ 電流の流れる道すじが途中で枝分かれする回路を〔　　　　〕という。

⑤ 電気用図記号で回路を表した図を〔　　　　〕という。

【回路を流れる電流】

⑥ 電流の単位には〔　　　　〕（記号A）を使う。

⑦ 1Aの1000分の1の単位を〔　　　　〕（記号mA）という。

⑧ 電流計は，電流をはかりたいところに〔　　　〕につなぐ。

⑨ 電流計の＋端子は電源の〔　〕極側につなぐ。

⑩ 電流の大きさが予想できないときは，はじめは〔　　〕Aの－端子につなぐ。

⑪ 直列回路の電流の大きさは，回路のどの点でも〔　　　〕である。

⑫ 並列回路では，途中で枝分かれした部分の電流の大きさの〔　　〕は，分かれる前の電流の大きさや合流した後の電流の大きさに等しい。

回路と電流

・直列回路

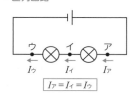

・並列回路

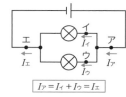

トライ

解答 ➡ 別冊p.13

1 電気用図記号について，次の問いに答えなさい。

(1) 次の電気用図記号で表される電気器具の名称を答えなさい。

①　②　③　④ 　⑤

〔　　〕〔　　〕〔　　〕〔　　〕〔　　〕

(2) 図は，電源の電気用図記号を表している。＋極を表しているのは，ア，イのどちらか。

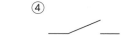

〔　　　〕

チェックの解答 ①回路 ②＋，－ ③直列回路 ④並列回路 ⑤回路図 ⑥アンペア ⑦ミリアンペア ⑧直列 ⑨＋ ⑩5 ⑪同じ ⑫和

2 図1の電流計で，回路を流れる電流の大きさをはかった。次の
問いに答えなさい。

(1) 電流計は，電流をはかりたいところに対してどのようにつな
ぐか。

〔　　　　　　　　　〕につなぐ。

(2) 電流計の＋端子は，電源の＋極側と－極側のどちらにつなぐ
か。

〔　　　　　　　　　〕

(3) 電流の大きさが予想できないとき，はじめはどの－端子につ
なぐか。

〔　　　　　　　　　〕

(4) 5Aの－端子につないだ
ところ，針の振れが図2の
ようになった。このとき流
れている電流の大きさは何
Aか。

〔　　　　　　〕

いちばん上の目盛りを読
むよ。針が右端まで振れ
たときが5Aだから…。

図1
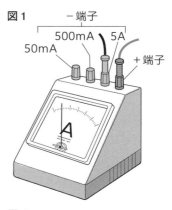
－端子
500mA　5A
50mA
＋端子

図2

3 豆電球を2個使って，図1，2のような回路をつくった。次の問
いに答えなさい。

(1) 図1，2のような回路をそれぞれ何というか。
図1〔　　　　　　　〕 図2〔　　　　　　　〕

(2) 図1で，点Aを流れる電流が0.2Aのとき，点B，Cを流れる
電流はそれぞれ何Aか。
点B〔　　　　　〕 点C〔　　　　　〕

(3) 図2で，点Dを流れる電流が1.2A，点Fを流れる電流が0.8A
のとき，点E，Gを流れる電流はそれぞれ何Aか。
点E〔　　　　　〕 点G〔　　　　　〕

図1
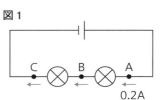
C　B　A
0.2A

図2
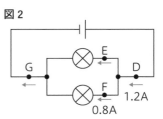
G　E　D
F　1.2A
0.8A

チャレンジ ·· 解答 ➡ 別冊p.13

図1の回路を図2に回
路図でかきなさい。

図1
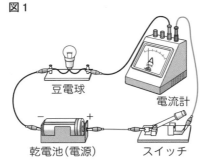
豆電球
電流計
乾電池(電源)
スイッチ

図2

㉔回路に加わる電圧

チェック

空欄をうめて，要点のまとめを完成させましょう。

【回路に加わる電圧】

① 回路に電流を流そうとするはたらきの大きさを
〔　　　　　　　〕という。

② 電圧の単位には〔　　　　　　　〕（記号V）を使う。

③ 電圧計は，電圧をはかりたいところに〔　　　　　　〕につなぐ。

④ 電圧計の＋端子は電源の〔　　〕極側につなぐ。

⑤ 電圧の大きさが予想できないときは，はじめは
〔　　　　〕Vの－端子につなぐ。

⑥ 針の振れが小さすぎるときは，－端子を〔　　　　〕V，
3Vの順につなぎかえる。

⑦ 電圧計の目盛りは，最小目盛りの
〔　　　　〕まで読み取る。

【回路の種類と電圧】

⑧ 直列回路の回路全体の電圧の大きさは，各
豆電球に加わる電圧の大きさの〔　　〕にな
る。

⑨ 並列回路の回路全体の電圧の大きさは，各
豆電球に加わる電圧の大きさに〔　　　　〕。

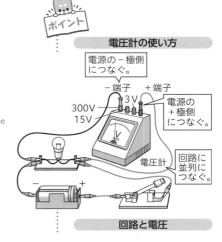

電圧計の使い方

電源の－極側につなぐ。
－端子　＋端子
3V
300V
15V
電源の＋極側につなぐ。
電圧計
回路に並列につなぐ。

回路と電圧

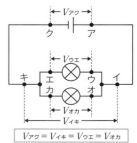

・直列回路

$V_{アオ} = V_{ウイ} + V_{ウエ} = V_{イエ}$

・並列回路

$V_{アク} = V_{イキ} = V_{ウエ} = V_{オカ}$

トライ

解答 ➡ 別冊p.13

1 電圧計の使い方について，次の問いに答えなさい。

(1) 電圧計は，電圧をはかりたいところに対して，直列，並列のどちらにつなぐか。

〔　　　　　　　　　　　　　　　〕

(2) 15Vの－端子につないだところ，針が図のようになった。この
ときの電圧の大きさは何Vか。

〔　　　　　　〕

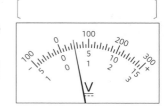

(3) 電圧の大きさが(2)のとき，3
Vの－端子につなぎかえると，
針はどのようになるか。右のア
～ウから選びなさい。

〔　　　　〕

ア

イ

ウ

チェックの解答 ①電圧　②ボルト　③並列　④＋　⑤300　⑥15　⑦$\frac{1}{10}$　⑧和　⑨等しい（同じ）

2 豆電球を2個使って，図1，2のような回路をつくった。次の問いに答えなさい。

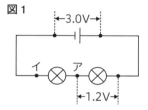

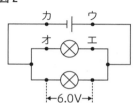

(1) 図1のアイ間に加わる電圧の大きさは何Vか。

〔　　　　　　〕

(2) 図2のウカ間，エオ間に加わる電圧の大きさはそれぞれ何Vか。

ウカ間〔　　　　　〕　　エオ間〔　　　　　〕

3 図1のような回路をつくり，P，Qに図2と図3のような豆電球を接続して電圧を加え，各豆電球を流れる電流の大きさを調べた。次の問いに答えなさい。ただし，図2の豆電球A，Bは同じものとする。

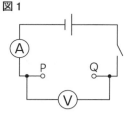

図1

(1) 図1の回路のP，Qに図2を接続した。

① このときの豆電球Aを流れる電流I_Aは0.2Aであった。豆電球Bを流れる電流I_Bと回路全体を流れる電流Iはそれぞれ何Aか。

I_B〔　　　　　〕　I〔　　　　　〕

② このときの豆電球Aに加わる電圧V_Aが2.0V，豆電球Bに加わる電圧V_Bが3.0Vだった。回路全体の電圧Vは何Vか。

〔　　　　　　〕

図2

(2) 図1のP，Qに図3を接続した。

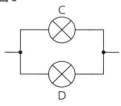

図3

① このときの回路全体を流れる電流Iは0.7Aであり，豆電球Cを流れる電流I_Cは0.2Aであった。豆電球Dを流れる電流I_Dは何Aか。

〔　　　　　　〕

② このときの豆電球Cに加わる電圧V_Cは2.0Vだった。回路全体の電圧Vは何Vか。

〔　　　　　　〕

解答 ➡ 別冊p.13

チャレンジ

図は，電源，スイッチ，豆電球，電流計，電圧計をつないだ回路を回路図に表そうとしたものである。図の○に電流計または電圧計の電気用図記号をかき入れなさい。

電流計と電圧計の電気用図記号は何だったかな。直列，並列につなぐのは，どちらだろう。

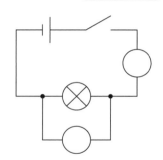

25 オームの法則

チェック

空欄をうめて，要点のまとめを完成させましょう。

【電圧と電流の関係】

① 電熱線や抵抗器に流れる電流の大きさは，電圧の大きさに〔　　　　　〕する。

② 電流の大きさが電圧の大きさに比例することを〔　　　　　　〕の法則という。

③ 電流の流れにくさを〔　　　　　〕という。

④ 抵抗の単位には〔　　　　　〕（記号Ω）を使う。

⑤ 抵抗〔Ω〕＝ $\dfrac{電圧〔V〕}{〔\qquad〕〔A〕}$

⑥ 電圧〔V〕＝〔　　　　　〕〔Ω〕×電流〔A〕

⑦ 電流〔A〕＝ $\dfrac{〔\qquad〕〔V〕}{抵抗〔Ω〕}$

⑧ 金属のように，抵抗が小さく，電流が流れやすい物質を〔　　　　　〕という。

⑨ ガラスやゴムなどのように，抵抗が非常に大きく，電流がほとんど流れない物質を〔　　　　　〕（絶縁体）という。

【回路全体の抵抗】

⑩ 直列回路の全体の抵抗は，各抵抗の〔　　　　　〕になる。

⑪ 並列回路の全体の抵抗は，各抵抗より〔　　　　　〕なる。

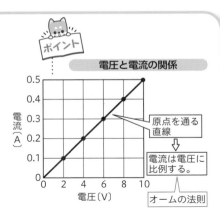

電圧と電流の関係

原点を通る直線

電流は電圧に比例する。

オームの法則

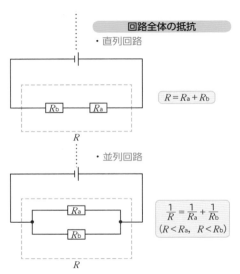

回路全体の抵抗

・直列回路

$R = R_a + R_b$

・並列回路

$\dfrac{1}{R} = \dfrac{1}{R_a} + \dfrac{1}{R_b}$
$(R < R_a, \ R < R_b)$

トライ

解答 ➡ 別冊 p.13

1 次の回路の？に当てはまる抵抗，電流，電圧の大きさを求めなさい。

(1)
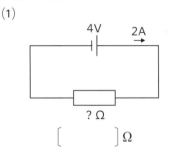

4V　2A　？Ω

〔　　　　　〕Ω

(2)
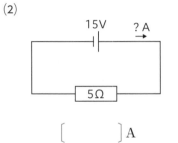

15V　？A　5Ω

〔　　　　　〕A

(3)
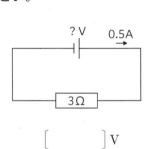

？V　0.5A　3Ω

〔　　　　　〕V

2 図は，電熱線a，bについて，電熱線に加わる電圧と
流れる電流の大きさの関係をグラフに表したものである。
次の問いに答えなさい。

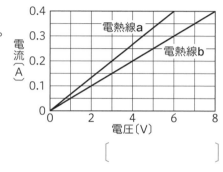

(1) 電熱線に加わる電圧と流れる電流の大きさには，ど
のような関係があるか。

[   ]

(2) (1)の関係を表す法則を何というか。

[   ]

(3) 電流が流れやすいのは，電熱線a，bのどちらか。

[   ]

(4) 電熱線aと電熱線bの抵抗の比を，最も簡単な整数の比で求めなさい。

電熱線a : 電熱線b = [   ]

3 電熱線A〜Dを使って図1，2のような回路をつくった。
次の問いに答えなさい。

(1) 図1の回路について，次の問いに答えなさい。

① 点aを流れる電流は何Aか。

[   ]

② 電熱線Aに加わる電圧は何Vか。

[   ]

③ 電熱線Bの抵抗は何Ωか。

[   ]

(2) 図2の回路について，次の問いに答えなさい。

① 電熱線Dを流れる電流は何Aか。

[   ]

② 電熱線Dの抵抗は何Ωか。

[   ]

③ 回路全体の抵抗は何Ωか。

[   ]

図1

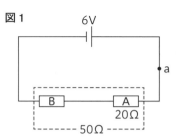

図2

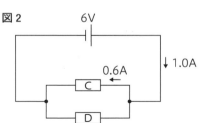

チャレンジ ·· 解答 ➡ 別冊p.14

表は，ある電熱線に加わる電圧と流れる電流の大きさの関係
を示している。表をもとに，電圧と電流の関係をグラフに表し
なさい。

電圧〔V〕	0	1.0	2.0	3.0	4.0	5.0	6.0
電流〔mA〕	0	50	100	150	200	250	300

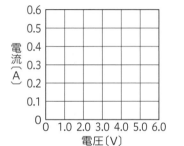

まず，mAをAの単位に直そう。
50mAは何Aになるかな？

59

26 電気エネルギー

チャート式シリーズ参考書 >>
第15章 2

チェック

空欄をうめて，要点のまとめを完成させましょう。

【電気エネルギーと電力】

① 電気がもつ，光や熱，音を発生させるなどのはたらきをする能力を [　　　　　　　] という。

② 1秒間当たりに消費する電気エネルギーの大きさを [　　　　　　] という。

③ 電力の単位には [　　　　] （記号W）を使う。

④ 電力〔W〕＝電圧〔V〕× [　　　]〔A〕

【熱量と電力量】

⑤ 物質に出入りする熱の量を [　　　] という。

⑥ 電流による発熱量を調べる実験で，水の質量が一定のとき，水の上昇温度は水が得た熱量に [　　　] する。

⑦ 熱量の単位には [　　　　] （記号J）を使う。

⑧ 熱量〔J〕＝ [　　　]〔W〕×時間〔s〕

⑨ 消費した電気エネルギーの量を [　　　　] という。

⑩ 電力量の単位には [　　　　] （記号J）を使う。

⑪ 電力量〔J〕＝電力〔W〕× [　　　]〔s〕

⑫ 1Wの電力を1時間使い続けたときの電力量は 1 [　　　] （記号Wh）である。

⑬ 1000Wh ＝ [　　　] キロワット時（記号kWh）

ポイント

電力，熱量，電力量
電力〔W〕
＝電圧〔V〕×電流〔A〕
熱量〔J〕
＝電力〔W〕×時間〔s〕
電力量〔J〕
＝電力〔W〕×時間〔s〕
1 kWh＝1000Wh

電熱線から発生する熱量
電熱線から発生する熱量は，時間と電力に比例する。

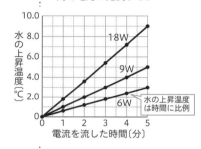

水の上昇温度は時間に比例

トライ

解答 ⇒ 別冊p.14

1 次の問いに答えなさい。

(1) 100Vの電源につなぐと6Aの電流が流れる電気器具が消費する電力は何Wか。

[　　　　　　]

(2) 100Vの電圧で1200Wの電気器具を使うとき，何Aの電流が流れるか。

[　　　　　　]

(3) 18Wの電熱線に電流を5分間流したときに発生する熱量は何Jか。

[　　　　　　]

(4) 800Wの電気器具を1分間使ったときの電力量は何Jか。

[　　　　　　]

チェックの解答 ①電気エネルギー ②電力 ③ワット ④電流 ⑤熱量 ⑥比例 ⑦ジュール ⑧電力 ⑨電力量 ⑩ジュール
⑪時間 ⑫ワット時 ⑬1

2 図のような，100W，50W，40Wの電球A，B，Cがある。これ
を100Vのコンセントにそれぞれつないで点灯させた。次の問いに
答えなさい。

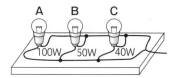

(1) 最も明るく点灯したのは，A〜Cのどれか。

[   ]

(2) 最も大きい電流が流れるのは，A〜Cのどれか。

[   ]

(3) 電球Cに流れる電流の大きさは何Aか。

[   ]

(4) 電球Aを毎日1時間ずつ，30日間点灯させたときの電力量は何kWhか。

[   ]

3 図1のような装置で，発泡ポリスチレンの容器に水100g
を入れて水温をはかった後，抵抗の大きさが4Ωの電熱線
に6.0Vの電圧を加えて1分ごとの水温をはかり，結果を図
2のグラフに表した。次の問いに答えなさい。

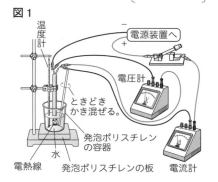

図1

(1) この電熱線に流れる電流の大きさは何Aか。

[   ]

(2) この電熱線の消費する電力は何Wか。

[   ]

(3) 水をときどきかき混ぜるのは，何のためか。

[

(4) この電熱線から5分間に発生する熱量は何Jか。

[   ]

(5) 10分後の水の上昇温度は何℃になると考えられるか。

[   ]

電流を流した時間と水の
上昇温度には，どのよう
な関係があるかな？

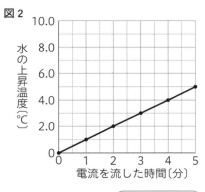

図2

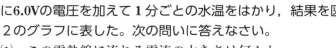
チャレンジ

解答 ➡ 別冊p.14

図1は，6W，9W，12W
の電熱線に電流を流した
ときの，時間と水の上昇
温度との関係を表してい
る。図1をもとに，電流
を流した時間が4分のと
きの電力と水の上昇温度
との関係を図2に表しな
さい。

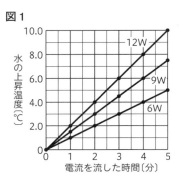

図1

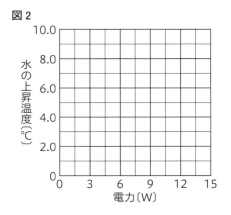

図2

27 電流の正体

チェック

空欄をうめて，要点のまとめを完成させましょう。

【静電気と電気の力】

① 異なる種類の物質どうしを摩擦したとき，物質にたまった電気を［　　　　　］(摩擦電気)という。

② 電気の間にはたらく力を［　　　　　］(電気の力)という。

③ 同じ種類の電気の間には［　　　　　］あう力がはたらく。

④ 異なる種類の電気の間には［　　　　　］あう力がはたらく。

⑤ 異なる種類の物質どうしを摩擦すると，［　　　］の電気をもつ小さな粒子が移動する。

⑥ 物質どうしを摩擦したときに移動する小さな粒子を［　　　　　］という。

⑦ 電子を受け取った物質は［　　　］の電気を帯びる。

⑧ 電子を失った物質は［　　　］の電気を帯びる。

【静電気と電流】

⑨ たまっていた静電気が流れ出たり，気体中を静電気が移動したりする現象を［　　　　］という。

⑩ 気圧の低い気体の中を電流が流れる現象を［　　　　　　］という。

⑪ クルックス管の−極から出て，蛍光板を光らせる線を［　　　　　］(電子線)という。

⑫ 陰極線の正体は［　　　　］という非常に小さな粒子である。

⑬ 電子は［　　　］の電気をもっている。

⑭ 電流が流れているときの電子の移動の向きは［　　　］極から［　　　］極である。

⑮ 電子の移動の向きは，電流の向きと［　　　　］である。

【放射線】

⑯ X線，α線，β線，γ線などをまとめて［　　　　　］という。

⑰ 放射線が物質を通り抜ける性質を［　　　　　］という。

ポイント

静電気が生じるしくみ

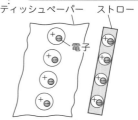

ティッシュペーパー　ストロー

電子

こすり合わせる。
電子が移動する。

電子を失った物質
電子を受け取った物質

＋の電気を帯びる。　−の電気を帯びる。

陰極線 (電子線)

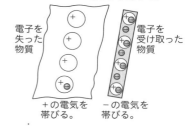

＋極側に曲がる
↓
−の電気を帯びている

−極
蛍光板
陰極線 (電子線)
正体は電子の流れ
−極
クルックス管
＋極
＋極

電子の移動と電流の向き

・電子は−極→＋極へ移動する。
・電子の移動する向きは電流の向きと逆である。

放射線の性質

・X線，α線，β線，γ線などがある。
・目に見えない。
・物質を通り抜ける性質(透過性)がある。

トライ

1 図は，ティッシュペーパーとストローを摩擦したときの，粒子の移動を模式的に表したものである。次の問いに答えなさい。

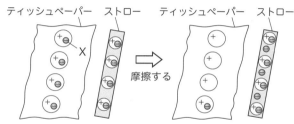

(1) 異なる種類の物質どうしを摩擦したとき，物質にたまる電気を何というか。

[   ]

(2) ティッシュペーパーとストローを摩擦すると，Xの粒子が移動する。Xの粒子を何というか。

[   ]

(3) 摩擦した後，①ティッシュペーパーと②ストローはそれぞれ，＋，－のどちらの電気を帯びるか。

①[   ] ②[   ]

(4) 摩擦した後，ティッシュペーパーとストローを近づけるとどうなるか。次のア～ウから選びなさい。

ア 引きあう。 イ しりぞけあう。 ウ 動かない。

[   ]

2 図のように，クルックス管に高い電圧を加えたところ，蛍光板にXの明るい線が現れた。次の問いに答えなさい。

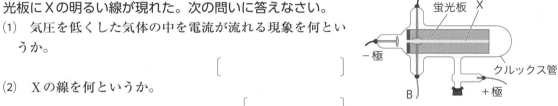

(1) 気圧を低くした気体の中を電流が流れる現象を何というか。

[   ]

(2) Xの線を何というか。

[   ]

(3) Xの線の正体は，電気をもつ小さな粒子である。この粒子を何というか。

[   ]

(4) (3)の粒子は＋，－のどちらの電気をもっているか。

[   ]

(5) 図の電極Aを＋極，電極Bを－極につなぐと，Xの線はどうなるか。次のア～エから選びなさい。

ア 下に曲がる。 イ 上に曲がる。
ウ そのまま直進する。 エ 見えなくなる。

＋の電気と－の電気の間には，引きあう力がはたらくよ。

[   ]

チャレンジ

電流が流れているときの電子の移動の向きを，「極」，「電流の向き」ということばを使って簡単に説明しなさい。

[   ]

㉘ 電流がつくる磁界

チェック

空欄をうめて，要点のまとめを完成させましょう。

【磁石・電磁石の磁界】

① 磁石が鉄を引きつけたりする力を〔　　　　　〕という。

② 磁石の力がはたらく空間を〔　　　　　〕(磁場) という。

③ 磁界の中の各点で方位磁針のN極がさす向きを
〔　　　　　　　　〕という。

④ 磁界のようすを表した線を〔　　　　　〕という。

⑤ 磁力線の間隔が狭いところでは磁界が〔　　　　　〕。

【電流がつくる磁界】

⑥ まっすぐな導線に電流が流れるとき，電流の向きをねじの進む向きとすると，ねじを回す向きが〔　　　　　〕の向きになる。

⑦ まっすぐな導線に電流が流れるとき，導線を中心とした
〔　　　　　　〕状の磁界ができる。

⑧ 導線に〔　　　　　〕ほど，磁界の強さが強い。

⑨ 電流が〔　　　　　〕ほど，磁界の強さが強い。

⑩ コイルの巻数が〔　　　　　〕ほど，磁界の強さが強い。

⑪ コイルに〔　　　　　〕を入れると，磁界が強くなる。

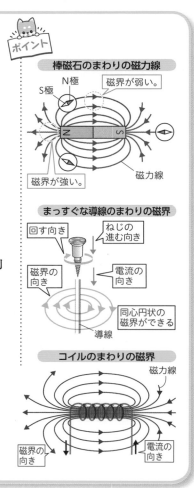

ポイント

棒磁石のまわりの磁力線

磁界が弱い。

磁界が強い。

磁力線

まっすぐな導線のまわりの磁界

回す向き　　ねじの進む向き

磁界の向き　　電流の向き

同心円状の磁界ができる

導線

コイルのまわりの磁界

磁力線

磁界の向き　　電流の向き

トライ

解答 ➡ 別冊p.15

1 図1のように，厚紙の下に棒磁石を置き，厚紙の上に鉄粉をまいて厚紙を軽くたたいた。次の問いに答えなさい。

(1) 厚紙上には，鉄粉のどのような模様が現れるか。次のア〜エから選びなさい。　〔　　　〕

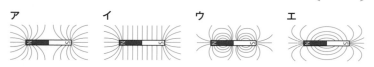

ア　　　　イ　　　　ウ　　　　エ

(2) 図2のP点に方位磁針を置くと，方位磁針のN極はア〜エのどちらをさすか。　〔　　　〕

図1

厚紙
棒磁石

鉄粉の模様をつくる。

図2

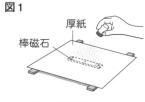

チェックの解答 ①磁力　②磁界　③磁界の向き　④磁力線　⑤強い　⑥磁界　⑦同心円　⑧近い　⑨大きい　⑩多い　⑪鉄心

2 図のように，厚紙にコイルを通して電流を流したところ，点Pに置いた方位磁針のN極がさす向きは図のようになった。次の問いに答えなさい。

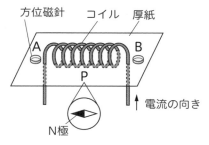
方位磁針　コイル　厚紙
↑ 電流の向き
N極

(1) 点A，点Bに置いた方位磁針のN極がさす向きを次のア〜エからそれぞれ選びなさい。

点A [　　　]　点B [　　　]

ア　イ　ウ　エ

(2) 電流の向きを逆にすると，点Pに置いた方位磁針のN極がさす向きはどうなるか。(1)のア〜エから選びなさい。

[　　　　　]

(3) コイルに流す電流を大きくすると，磁界の強さはどうなるか。

[　　　　　]

3 導線を巻いてコイルをつくり，図1のように，厚紙の中央にさしこみ，方位磁針A〜Cを置いた。コイルの導線の端を電源装置につないで電流を流したところ，方位磁針の針が振れた。次の問いに答えなさい。

図1
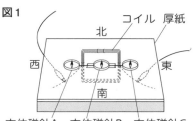
北　コイル　厚紙
西　東
南
方位磁針A　方位磁針B　方位磁針C

(1) 電流を流したときの，方位磁針BのN極は図2のような向きをさした。このとき，方位磁針A，Cはそれぞれどうなったか。次のア〜エから選びなさい。

A [　　　]　C [　　　]

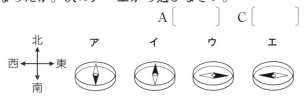
北
西 ← → 東
南
ア　イ　ウ　エ

図2
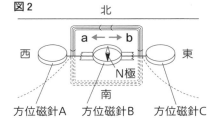
北
a ← → b
N極
西　東
南
方位磁針A　方位磁針B　方位磁針C

(2) 方位磁針の針の向きから，コイルには，a，bどちらの向きに電流が流れているか。

[　　　　　]

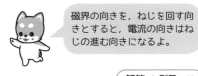
磁界の向きを，ねじを回す向きとすると，電流の向きはねじの進む向きになるよ。

解答 ➡ 別冊p.15

チャレンジ

まっすぐな導線に電流を流したときにできる磁界の形と強さについて，「導線」ということばを使って簡単に説明しなさい。

・形　[　　　　　　　　　　　　　　　　　　　　　　　　　　]

・強さ [　　　　　　　　　　　　　　　　　　　　　　　　　　]

㉙ モーターと発電機のしくみ

チェック

空欄をうめて，要点のまとめを完成させましょう。

【モーターのしくみ】

① 電流が磁界から受ける力の向きは，電流の向きと磁界の
向きの両方に［　　　　　　］である。

② 電流の向きを逆にすると，電流が磁界から受ける力の向
きは［　　　　］になる。

③ 磁界の向きを逆にすると，電流が磁界から受ける力の向
きは［　　　　］になる。

④ モーターは，［　　　　　　］とブラシのはたらきによって，
コイルが半回転するごとに電流の向きを切りかえている。

【発電機のしくみ】

⑤ コイルの中の磁界が変化したとき，電圧が生じて電流が
流れる現象を［　　　　　　］という。

⑥ 電磁誘導によって流れる電流を［　　　　　　　］という。

⑦ 磁界の向き（磁石の極）を逆にすると，誘導電流の向きは
［　　　］になる。

⑧ 磁石（またはコイル）を動かす向きを逆にすると，誘導電
流の向きは［　　　　］になる。

⑨ 磁石（またはコイル）を速く動かすほど，誘導電流の大き
さは［　　　　　　］なる。

⑩ コイルの巻数が多いほど，誘導電流の大きさは
［　　　　　　］なる。

⑪ 電磁誘導を利用して，電流を連続的に発生させる装置を
［　　　　　　］という。

【直流と交流】

⑫ 乾電池による電流のように，一定の向きに流れる電流を
［　　　　　］という。

⑬ 家庭のコンセントから取り出す電流のように，向きが周期的に変
化している電流を［　　　　　］という。

⑭ 交流で，1秒間にくり返す電流の向きの変化の回数を
［　　　　　　］という。

⑮ 周波数の単位には［　　　　　　］（記号 Hz）を使う。

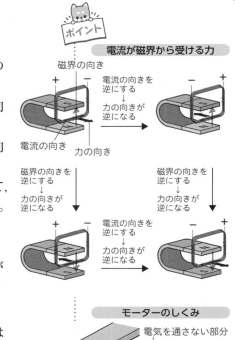

ポイント

電流が磁界から受ける力

モーターのしくみ

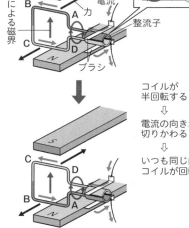

コイルが
半回転する
⇩
電流の向きが
切りかわる
⇩
いつも同じ向きに
コイルが回転する

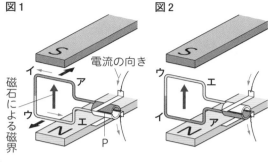
🖐 トライ

1 図1，図2は，モーターのしくみを示した模式図である。次の問いに答えなさい。

(1) 次の文の（　　）のA，Bから適切なものを選び，記号で答えなさい。

　図1で，コイルにア→イ→ウ→エの向きに電流を流すと，コイルは，矢印の向きに回転し始める。コイルが半回転して図2の状態になると，コイルがそれまでの向きと同じ向きに回転し続けるためには，電流の流れる向きは（A　ア→イ→ウ→エ　　B　エ→ウ→イ→ア）でなければならない。

〔　　　〕

(2) (1)のようにするためのしくみPを何というか。

〔　　　　　〕

図1と図2では，コイルのアイウエの位置が逆になっているね。

(3) 図2のときに，コイルのアイの部分が受ける力の向きは，図1のときと比べてどうなっているか。

〔　　　　　〕

2 図のように，コイルに棒磁石を出し入れして電流を発生させた。次の問いに答えなさい。

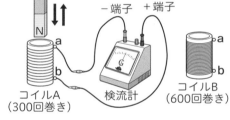

コイルA（300回巻き）　検流計　コイルB（600回巻き）

(1) このようにして発生する電流を何というか。

〔　　　　　〕

(2) 次のア，イでは，発生する電流はどちらが大きいか。
　ア　棒磁石を速く動かす。
　イ　棒磁石をゆっくりと動かす。

〔　　　〕

(3) 棒磁石を動かす速さが同じとき，コイルAとBでは，どちらのコイルを使ったとき，発生する電流が大きいか。

〔　　　〕

(4) コイルに棒磁石を入れるときと出すときで，電流の向きはどうなるか。

〔　　　　　〕

(5) コイルの中で棒磁石を静止させると，電流は流れるか。

〔　　　〕

🖐 チャレンジ

直流と交流について，「電流」ということばを使って簡単に説明しなさい。

・直流　〔　　　　　　　　　　　　　　　　　　　　〕

・交流　〔　　　　　　　　　　　　　　　　　　　　〕

1 図1は，電熱線A，Bの
電圧と電流の関係を表して
いる。電熱線A，Bを使っ
て図2，図3のような回路
をつくった。次の問いに答
えなさい。

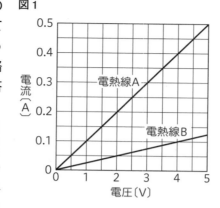

図1

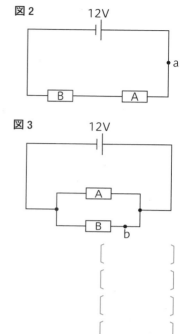

図2

図3

(1) 電熱線Aの抵抗は何Ω
か。　〔　　　　　〕

(2) 図2の回路全体に加わ
る電圧と回路全体を流れ
る電流の関係を，図1の
グラフにかき入れなさい。

(3) 図2の点aを流れる電流の大きさは何Aか。　　　　　　　　　　〔　　　　　〕

(4) 図2の電熱線Aに加わる電圧の大きさは何Vか。　　　　　　　〔　　　　　〕

(5) 図3の点bを流れる電流の大きさは何Aか。　　　　　　　　　〔　　　　　〕

(6) 図3の回路全体の抵抗は何Ωか。　　　　　　　　　　　　　　〔　　　　　〕

2 それぞれ2Ω，4Ω，6Ωの電熱線A～Cを用意し
た。室温とほぼ同じ温度の水100gを入れた発泡ポリス
チレンの容器と電熱線Aを用いて図1のような回路を
つくり，6.0Vの電圧を加えた。次に，電熱線Aのかわ
りに，電熱線B，Cを用いて同じ操作を行った。次の
問いに答えなさい。

図1

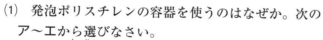

(1) 発泡ポリスチレンの容器を使うのはなぜか。次の
ア～エから選びなさい。
　ア　水の突沸を防ぐため。
　ウ　容器が熱によって変形するのを防ぐため。

　イ　容器の質量を小さくするため。
　エ　熱が逃げにくくするため。

　　　　　　　　　　　　　　　　　　　　　　　　　　　　〔　　　　　〕

(2) 電熱線Aを使ったときの回路を流れる電流の大きさは何Aか。

　　　　　　　　　　　　　　　　　　　　　　　　　　　　〔　　　　　〕

(3) 電熱線A～Cのうち，消費電力が最も小さいものはどれか。

　　　　　　　　　　　　　　　　　　〔　　　　　〕

図2

(4) 図2の①，②のように，電熱線BとCを直列と並列
につなぎ，同じ実験を行った。水の上昇温度が大きく
なるのは，①，②のどちらか。

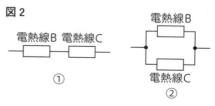

①

②

　　　　　　　　　　　　　　〔　　　　　〕

3 図は，クルックス管に大きな電圧を加えて，放電を起こしたときのようすである。実験の結果，十字形の金属板の後ろのガラス面が明るくなり，十字形の金属板の影ができた。次の問いに答えなさい。

(1) 十字形の金属板の影ができたのはなぜか。次の文の①，②に当てはまる符号を書きなさい。

　十字形の金属板の影ができたのは，クルックス管の中の空間を，非常に小さな粒子が　①　極から　②　極へと直進して十字形の金属板に当たり，進行を妨げられたからである。

①〔　　　　〕　②〔　　　　〕

(2) クルックス管にとりつける＋極と－極を逆にして大きな電圧を加えた。このとき影はできるか。

〔　　　　　　　　〕

(3) (1)の非常に小さな粒子を何というか。

〔　　　　　　　　〕

4 図のように，アルミニウムのパイプでつくったレールの上に，細いパイプを置き，電流を流したところ，パイプが矢印の方向に動いた。次の問いに答えなさい。

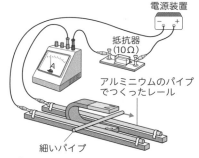

(1) 細いパイプの材料として最も適当なものを，次のア～エから選びなさい。

　ア　鉄　　　　　　イ　ポリ塩化ビニル
　ウ　アルミニウム　エ　ガラス

〔　　　　〕

(2) (1)を選んだ理由を，「磁石」，「電気」ということばを使って書きなさい。

〔　　　　　　　　　　　　　　　　　　〕

(3) 磁石のＮ極とＳ極を反対にして設置した。パイプの動きは図と比べてどうなるか。

〔　　　　　　　　　　　　　　〕

5 図のような装置を使い，2個の発光ダイオードを左右に振って，光り方を調べた。次の問いに答えなさい。ただし，発光ダイオードは，あしの長いほうを＋極，短いほうを－極につなぐと点灯し，逆につなぐと点灯しない。

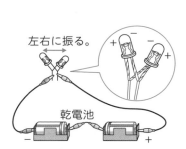

(1) この実験の結果，発光ダイオードはどのような光り方をしたか。次のア，イから選びなさい。

　ア　　　　　　　　　　　イ

〔　　　　〕

(2) このような電流を何というか。

〔　　　　　　　　〕

❶ 図の装置を用いて，酸化銀を加熱して発生した気体を集めた。次の問いに答えなさい。(4点×3−12点)

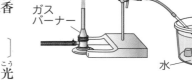

酸化銀
試験管A
試験管B
ガスバーナー
水

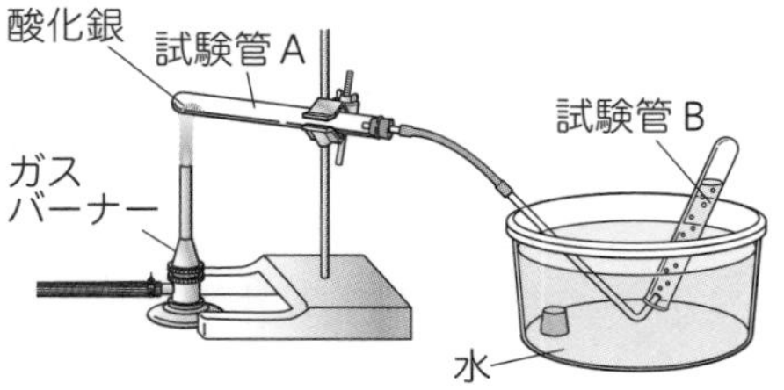

(1) 発生した気体の入った試験管Bに火のついた線香を入れるとどうなるか。

[　　　　　　　　　　　　　　　]

(2) 加熱後，試験管Aに残った白い固体をこすると光沢が出た。この固体は何か。　[　　　　　　　]

(3) この実験で，酸化銀に起こった化学変化を，化学反応式で表しなさい。

[　　　　　　　　　　　　　　　　　　]

❷ 1.2gのマグネシウムを空気中で何回か加熱し，加熱後の物質の質量を表にまとめた。次の問いに答えなさい。

加熱回数〔回〕	1	2	3	4	5	6
加熱後の物質の質量〔g〕	1.7	1.8	1.9	2.0	2.0	2.0

(4点×3−12点)

(1) マグネシウムを空気中で加熱したときに起こった化学変化を，化学反応式で表しなさい。

[　　　　　　　　　　　　　　　　　　]

(2) 1.2gのマグネシウムが完全に反応して酸化マグネシウムができたとき，マグネシウムと酸化マグネシウムの質量の比を，最も簡単な整数で表しなさい。

マグネシウムの質量：酸化マグネシウムの質量 = [　　　　　　　]

(3) 1.8gのマグネシウムが完全に反応して酸化マグネシウムができるとき，結びつく酸素の質量は何gか。　[　　　　　　　]

❸ 図1のように，1日暗室に置いた植物のふ入りの葉の一部をアルミニウムはくでおおい，日光に十分に当てた。その後葉をとり脱色後に，ヨウ素液につけて色の変化を調べた結果が図2である。次の問いに答えなさい。(4点×3−12点)

図1　図2

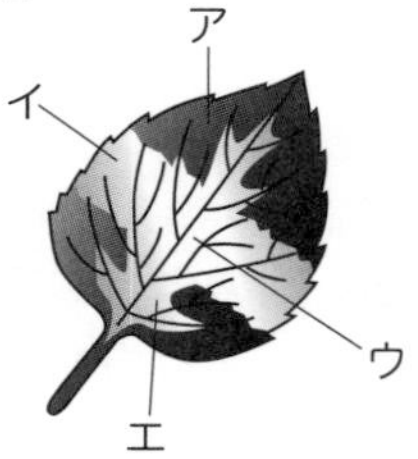

日光
ふの部分
クリップ
アルミニウムはく
ア
イ
ウ
エ

(1) ヨウ素液によりアの部分は青紫色に変化した。何ができているか。[　　　　　　　]

(2) 光合成に必要な条件を調べるとき，①，②について，どことどこを比べるか。図2のア〜エからそれぞれ2つずつ選びなさい。ただし，ふの部分はウ，エである。

① 光が必要かどうか。[　　　　　]　　② 葉緑体が必要かどうか。[　　　　　]

❹ ヒトのからだのはたらきについて，次の問いに答えなさい。(4点×3−12点)

(1) タンパク質が消化酵素によって分解されるとできる物質は何か。　[　　　　　]

(2) (1)の物質が，細胞でさらに分解されてできる有害な物質は何か。

[　　　　　]

(3) (2)の物質が害の少ない物質に変えられる器官を，次のア〜エから選びなさい。
ア 肺　イ 肝臓　ウ じん臓　エ 小腸　　　[　　　　　]

❺ Aさんの部屋の温度は25℃，湿度は37％である。下の表は，気温と飽和水蒸気量の関係を表している。次の問いに答えなさい。(5点×2−10点)

気温〔℃〕	19	20	21	22	23	24	25	26
飽和水蒸気量〔g/m³〕	16.3	17.3	18.3	19.4	20.6	21.8	23.1	24.4

(1) Aさんの部屋の空気1m³中に含まれている水蒸気量は何g/m³か。四捨五入して，小数第1位まで求めなさい。

〔　　　　　　　　〕

(2) この部屋の水蒸気量が(1)のままで，温度が3℃下がったときの湿度を四捨五入して整数で求めなさい。

〔　　　　　　　　〕

❻ 日本付近の天気について，次の問いに答えなさい。(4点×3−12点)

(1) 春と秋によく見られる移動性高気圧は，西から東へ移動する。これは中緯度帯の上空の風の影響による。この風を何というか。

〔　　　　　　　　〕

(2) 一般的な冬型の気圧配置で，日本列島の西側に位置する気圧の中心は，周辺より気圧が高いか，低いか。

〔　　　　　　　　〕

(3) (2)の気圧の中心の天気は，晴れ，くもり，雨のどれになることが多いか。

〔　　　　　　　　〕

❼ 図のような装置で，100gの水の入った容器に電熱線を入れ，電流を流すと電圧計は6.0V，電流計は3.0Aを示した。次の問いに答えなさい。(5点×3−15点)

(1) この電熱線の抵抗は何Ωか。

〔　　　　　　　　〕

(2) 4分間電流を流したときの電熱線の電力量は何Jか。

〔　　　　　　　　〕

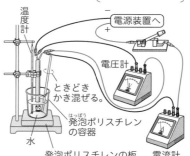

(3) (2)のとき，100gの水の温度は4分間で何℃上昇するか，次のア〜エから選びなさい。ただし，1gの水を1℃上昇させるのに必要な熱量は約4.2Jとし，電熱線から発生した熱は，すべて水の温度上昇に使われるものとする。

ア　約5℃　イ　約10℃　ウ　約15℃　エ　約20℃　　〔　　　　　　〕

❽ 図のように，クルックス管に大きな電圧を加えたところ，蛍光板に陰極線が現れた。次の問いに答えなさい。

(5点×3−15点)

(1) 陰極線は，電極の金属から小さな粒子が飛び出すことで観察される。この粒子を何というか。

〔　　　　　　　　〕

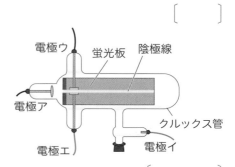

(2) 陰極線が現れるためには，電源の＋極を電極アと電極イのどちらにつなげるか。

〔　　　　　　　　〕

(3) 陰極線を下方に曲げるためには，電源の−極を電極ウと電極エのどちらにつなげるか。

〔　　　　　　　　〕

初版
第 1 刷　2021 年 4 月 1 日　発行
第 2 刷　2023 年 2 月 1 日　発行

●編 者
　数研出版編集部
●カバー・表紙デザイン
　有限会社アーク・ビジュアル・ワークス

発行者　星野　泰也

ISBN978-4-410-15356-3

チャート式®シリーズ　中学理科　2年　準拠ドリル

発行所　数研出版株式会社
本書の一部または全部を許可なく
複写・複製することおよび本書の
解説・解答書を無断で作成するこ
とを禁じます。

〒101-0052 東京都千代田区神田小川町 2 丁目 3 番地 3
　　　〔振替〕00140-4-118431
〒604-0861 京都市中京区烏丸通竹屋町上る大倉町205番地
〔電話〕代表 (075)231-0161
ホームページ　https://www.chart.co.jp
印刷　河北印刷株式会社
　　　乱丁本・落丁本はお取り替えいたします　230102

答えと解説

2年

1 熱による分解

トライ ➡本冊p.4

1 (1)イ　(2)イ
(3)①物質P　②アルカリ性　(4)分解

2 (1)水上置換法
(2)ウ
(3)ウ　(4)銀

解説

1 (2) 石灰水を白くにごらせる気体は二酸化炭素である。二酸化炭素は空気より密度が大きい。

くわしく! 炭酸水素ナトリウムの熱分解
……… チャート式シリーズ参考書 ≫p.10

2 (2) 酸化銀を加熱したときに発生する気体は酸素である。酸素にはものを燃やすはたらきがあるが、酸素そのものは燃えない。
(3) 試験管Aに残った白色の物質は銀であり、金属の性質を示す。磁石につくのは、鉄など一部の金属の性質である。

くわしく! 酸化銀の熱分解 ……… チャート式シリーズ参考書 ≫p.11

チャレンジ ➡本冊p.5

発生した液体が試験管の底に流れるのを防ぐため。

解説

発生した液体が加熱部に流れると、試験管が急に冷やされ、割れるおそれがある。

2 電流による分解

トライ ➡本冊p.6

1 ウ
2 (1)水酸化ナトリウム(硫酸)
(2)陰極側
(3)水素
(4)酸素
(5)電気分解
3 (1)陰極：ウ　陽極：イ
(2)①銅　②塩素
(3)分解できない。

解説

1 1種類の物質が2種類以上の別の物質に分かれる化学変化を分解という。ろ過や蒸留、状態変化では物質そのものは変化しないので、化学変化ではない。ウでは過酸化水素が酸素と水に分解する。

2 (1) 純粋な水には電流が流れにくいが、水酸化ナトリウムや硫酸を溶かすと電流が流れやすくなる。
(2)～(4) 陰極側から水素、陽極側から酸素が、水素：酸素＝2：1の体積の割合で発生する。

くわしく! 水の電気分解 ……… チャート式シリーズ参考書 ≫p.12

3 (1)(2) 陰極には金属の銅が付着し、陽極からは塩素が発生する。

くわしく! 塩化銅水溶液の電気分解
……… チャート式シリーズ参考書 ≫p.14

チャレンジ ➡本冊p.7

すぐに大量の水で洗い流す。

解説

水酸化ナトリウム水溶液は皮膚や衣服をいためることがあるので、手などにつかないように注意する。

3 原子・分子と化学反応式

トライ ➡本冊p.8

1 ①H　②酸素　③Mg　④塩素
⑤H_2O　⑥二酸化炭素　⑦Cu
⑧塩化銅
2 (1)①単体　②化合物
(2)①N_2　②Fe　③NH_3
(3)①ア　②イ　③ウ
3 (1)左側　銀原子：2個　酸素原子：1個
右側　銀原子：1個　酸素原子：2個
(2)1個　(3)3個
(4)$2Ag_2O \longrightarrow 4Ag + O_2$

解説

1 化学式の中の小さい数字は原子の個数を表す。

くわしく! 化学式……… チャート式シリーズ参考書 ≫p.21

2 (3)① 1種類の元素からでき、分子をつくる。
② 1種類の元素からでき、分子をつくらない。
③ アンモニアを表す。2種類以上の元素からでき、分子をつくる。

くわしく! 分子をつくる物質とつくらない物質
……… チャート式シリーズ参考書 ≫p.20

3 (2) 式の左側の酸素原子Oの数を2個にする。酸化銀Ag_2Oには酸素原子が1個ある。

(3) $2Ag_2O$ には銀原子が4個ある。銀は分子をつくらない。

くわしく！ いろいろな化学反応式 … チャート式シリーズ参考書 **≫p.24**

チャレンジ ➡本冊p.9

解説
化学式で表すと $CuCl_2$ となる。

くわしく！ 化学式 ……………………… チャート式シリーズ参考書 **≫p.21**

4 さまざまな化学変化①

トライ ➡本冊p.11

1 (1) A
(2) A
(3) 手であおぐようにしてかぐ。
(4) 硫化鉄

2 (1) 白くにごる。
(2) 二酸化炭素
(3) 水
(4) 炭素，水素

解説
1 (1) 試験管 A には鉄がそのまま残っているが，試験管 B には鉄や硫黄（いおう）とは性質の異なる別の物質ができている。
(2) 試験管 A の物質では鉄と塩酸が反応して，においのない水素が発生する。試験管 B の物質では硫化鉄（かてつ）と塩酸が反応して，特有の（卵の腐ったような）においのある硫化水素（りゅう）が発生する。

くわしく！ 鉄と硫黄が結びつく変化
……………………… チャート式シリーズ参考書 **≫p.30**

2 (1)，(2) 石灰水（せっかいすい）を白くにごらせる気体は二酸化炭素である。
(4) ろうに含（ふく）まれる炭素が酸素と結びついて二酸化炭素ができ，水素が酸素と結びついて水ができる。

くわしく！ 有機物の燃焼 ……………… チャート式シリーズ参考書 **≫p.33**

チャレンジ ➡本冊p.11

鉄が酸素と結びつき，酸素が使われたから。

解説
鉄＋酸素→酸化鉄の反応が起こる。結びついた酸素の体積分だけ，水面（じょうしょう）が上昇する。

くわしく！ スチールウール（鉄）の燃焼
……………………… チャート式シリーズ参考書 **≫p.32**

5 さまざまな化学変化②

トライ ➡本冊p.12

1 (1) 二酸化炭素
(2)① 炭素 ② 酸化鉄

2 (1) 二酸化炭素
(2) ウ (3) Cu
(4)① 酸化銅 ② 炭素
(5) アとエ (6) 炭素

3 (1) 黒色から赤色 (2) 水
(3)① 水素 ② 酸化銅
(4) $CuO + H_2 \longrightarrow Cu + H_2O$

解説
1 次のような反応が起こる。

くわしく！ 酸化鉄の還元 ………… チャート式シリーズ参考書 **≫p.36**

2 (2)，(3) 試験管内に残った固体は金属の銅である。
(4) 次のような反応が起こる。

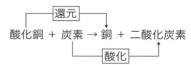

(5) 石灰水（せっかいすい）の逆流を防ぐためである。また，試験管内に空気中の酸素が入ると，銅が再び酸化されてしまうので，それを防ぐためでもある。

くわしく！ 炭素による酸化銅の還元
……………………… チャート式シリーズ参考書 **≫p.35**

3 右図のような反応が起こる。

くわしく！ 水素による酸化銅の還元
……………………… チャート式シリーズ参考書 **≫p.36**

チャレンジ ➡本冊p.13

酸化物が酸素を失う（奪われる）化学変化。

解説
還元（かんげん）は酸化と同時に起こる。

くわしく！ 還元 ……………………… チャート式シリーズ参考書 **≫p.34**

6 化学変化と熱

トライ →本冊p.14

1 (1)**C, H**　　(2)①**2**　②**2**
2 (1)H_2　(2)**上がる。**　(3)**発熱反応**
　　(4)**ア，イ，エ**　(5)**化学エネルギー**
3 (1)**イ**　(2)**吸熱反応**

解説

1 (1)　炭素が酸素と結びついて二酸化炭素ができ，水素が酸素と結びついて水ができる。
　　(2)　②→①の順に求める。②水素原子は矢印の左側に4個ある。②の結果，矢印の右側の酸素原子の数は4個になる。

くわしく! 燃料 ……………………… チャート式シリーズ参考書 ≫p.38

2 (1)　マグネシウムと塩酸が反応すると水素が発生する。
　　(4)　ウは吸熱反応である。

くわしく! 発熱反応 …………………… チャート式シリーズ参考書 ≫p.37

3 (1)　この実験では熱を吸収して周囲の温度が下がる。アは発熱反応の熱の出入りを表している。

くわしく! 吸熱反応 …………………… チャート式シリーズ参考書 ≫p.38

チャレンジ →本冊p.15

・発熱反応：熱を発生して周囲の温度が上がる反応。
・吸熱反応：熱を吸収して周囲の温度が下がる反応。

解説

化学変化には熱の出入りが伴う。

7 質量保存の法則

トライ →本冊p.17

1 (1)**硫酸バリウム**　(2)**イ**
　　(3)**炭酸カルシウム**
2 (1)**酸化鉄**　(2)**イ**　(3)**ア**
　　(4)**フラスコ内に空気が入ってきたから。**
　　(5)**ウ**

解説

1 (1)　硫酸＋塩化バリウム→硫酸バリウム＋塩酸の反応が起こる。
　　(2)　この実験では，気体（物質）の出入りがないので，反応前後で物質全体の質量は変化しない。
　　(3)　炭酸ナトリウム＋塩化カルシウム→炭酸カルシウム＋塩化ナトリウムの反応が起こる。

くわしく! 沈殿ができる化学変化と質量
…………………………………… チャート式シリーズ参考書 ≫p.43

2 (1)　鉄＋酸素→酸化鉄の反応が起こる。
　　(2)　密閉した容器内での反応なので，反応前後で物質全体の質量は変化しない。
　　(3)，(4)　ピンチコックを開くと，鉄の燃焼に使われた酸素の分だけ，フラスコ内に空気が入ってきて，その空気の分だけ質量が増加する。

くわしく! 酸素と結びつく化学変化と質量
…………………………………… チャート式シリーズ参考書 ≫p.44

チャレンジ →本冊p.17

化学変化の前後で物質全体の質量は変化しないという法則。

解説

質量保存の法則は状態変化などにも成りたつ。

くわしく! 質量保存の法則 …………… チャート式シリーズ参考書 ≫p.45

8 反応する物質の質量の割合

トライ →本冊p.18

1 (1)$2Cu+O_2 \longrightarrow 2CuO$　(2)**50個**
　　(3)余る原子または分子：**酸素分子**
　　　余る数：**5個**
2 (1)**4回目**　(2)**1.0g**
　　(3)**3：2**
　　(4)**0.6g**
3 (1)**比例（の関係）**　(2)**0.3g**
　　(3)**4：1**　(4)**1.44g**

解説

1 (2)　原子のモデルや化学反応式より，銅原子2個と酸素分子1個が過不足なく反応する。酸素分子の数をxとすると，$100：x=2：1$より，$x=50$
　　(3)　銅原子30個と酸素分子15個が過不足なく反応する。

くわしく! 質量に過不足があるとき
…………………………………… チャート式シリーズ参考書 ≫p.49

2 (2)　$2.5-1.5=1.0〔g〕$
　　(3)　マグネシウム：酸素＝$1.5〔g〕：1.0〔g〕＝3：2$

(4) 結びついた酸素の質量は，2.1−1.5＝0.6〔g〕
0.6gの酸素と結びついたマグネシウムの質量をxとすると，x〔g〕:0.6〔g〕＝3:2より，x＝0.9〔g〕
よって，酸素と結びついていないマグネシウムの質量は，1.5−0.9＝0.6〔g〕

くわしく！　一定量の金属と反応する酸素の質量
……………………… チャート式シリーズ参考書 ≫p.46

3 (2) 1.5−1.2＝0.3〔g〕

(3) 銅：酸素＝1.2〔g〕:0.3〔g〕＝4:1

(4) 銅の質量をx〔g〕とすると，
x〔g〕:1.8〔g〕＝1.2:1.5より，x＝1.44〔g〕

チャレンジ ⇒本冊p.19

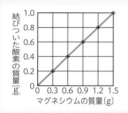

解説

結びついた酸素の質量＝酸化マグネシウムの質量−マグネシウムの質量

確認問題① ⇒本冊p.20

1 (1)単体　　(2)H_2O　　(3)ウ

2 (1)反応のときに出る熱で，反応が進むから。

(2)B　　(3)ウ

(4)A：硫化水素　　B：水素

(5)硫化鉄　　(6)$Fe+S \longrightarrow FeS$

3 (1)発熱反応

(2)酸素がないと化学変化が起こらないから。

(3)水によく溶ける性質があるから。

(4)下がる。

4 (1)CO_2　　(2)0.44g　　(3)下図

(4)4.5g　　(5)密閉した容器の中

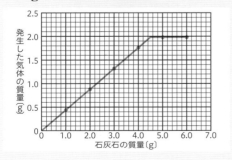

解説

1 (1) 2種類以上の元素からできている物質は化合物。

(2) 水：H_2O，窒素：N_2，マグネシウム：Mg，酸化銅：CuO。このうち，化合物であり，分子をつくるのは水。なお，①には窒素，②にはマグネシウム，④には酸化銅が当てはまる。

2 (2) 磁石につくのは鉄。試験管Bでは鉄がそのまま残っているが，試験管Aでは鉄が別の物質に変化したため，鉄の性質を示さない。

(3)〜(6) Aは，加熱によって鉄と硫黄が結びつき，硫化鉄になっている。これは塩酸と反応して，硫化水素が発生する。Bは，鉄と塩酸が反応して無色無臭の水素が発生する。

3 (1) 周囲の熱を吸収して温度が下がる反応は吸熱反応という。

(2) 実験1では，鉄＋酸素→酸化鉄の反応が起こる。鉄の酸化なので，酸素が必要である。

(3) アンモニアは，ろ紙の水によく溶けるので，においもおさえられる。

4 (2) 133.42−132.98＝0.44〔g〕

(4) (3)のグラフより，石灰石の質量が5.0g以上の場合に発生する気体の質量は一定になっている。石灰石の質量が5.0gのときに発生する気体の質量は，
137.42−135.44＝1.98〔g〕
うすい塩酸30cm³と過不足なく反応する石灰石の質量をx〔g〕とすると，
1.0〔g〕:0.44〔g〕＝x〔g〕:1.98〔g〕より，x＝4.5〔g〕

(5) 物質の出入りがないようにする。

9 細胞と生物のからだ

トライ ➡本冊p.22

1 (1)X：酸素　Y：二酸化炭素
(2)細胞の呼吸
2 (1)A：細胞膜　B：核　C：細胞壁
D：葉緑体　E：液胞
(2)イ　　(3)B　　(4)A，D，E
3 (1)1つ　　(2)単細胞生物　　(3)エ
(4)組織　　(5)器官　　(6)(5)

解説

1 酸素を使って養分を分解し，生きるためのエネルギーを取り出す。このとき，二酸化炭素と水ができる。このはたらきを細胞の呼吸という。
くわしく！ 細胞の呼吸 ……………… チャート式シリーズ参考書 ≫p.59
2 (2) 動物の細胞には，細胞壁（C），葉緑体（D），液胞（E）は見られない。
くわしく！ 細胞のつくり ……………… チャート式シリーズ参考書 ≫p.57
3 (6) 植物の根や葉，ヒトの心臓や胃などは，特定のはたらきをもつ器官である。
くわしく！ 多細胞生物のからだの成りたち
……………… チャート式シリーズ参考書 ≫p.58

チャレンジ ➡本冊p.23

細胞壁（葉緑体，液胞）が見られないから。

解説

植物と動物の細胞に共通するつくりは，核と細胞膜である。

10 光合成と呼吸

トライ ➡本冊p.24

1 (1)X：光合成　Y：呼吸
(2)B
(3)気孔
2 (1)デンプン
(2)葉緑体
(3)光合成
(4)変化しない。
3 (1)二酸化炭素
(2)呼吸
(3)光合成

解説

1 光合成は光の当たったときだけ行われる。呼吸は1日中行われる。
くわしく！ 呼吸と光合成 ……………… チャート式シリーズ参考書 ≫p.67
2 (2) 光合成は細胞の中の葉緑体で行われる。
くわしく！ 葉の細胞の中の光合成が行われる部分
……………… チャート式シリーズ参考書 ≫p.65
3 (2) 暗いところに置いた植物は呼吸のみを行い，二酸化炭素を出す。

チャレンジ ➡本冊p.25

光合成は葉緑体で行われ，光が必要である。

解説

ヨウ素液で青紫色に変化した粒にはデンプンができている。この粒を葉緑体という。暗所に置いたオオカナダモの葉では，葉緑体の色が変化していないことから，光合成には光が必要であることがわかる。

11 水や養分の通り道と蒸散

トライ ➡本冊p.26

1 (1)エ
(2)①根毛　②表面積
2 (1)道管
(2)根：A　茎：D　葉：E
(3)師管
(4)維管束
(5)葉脈
3 (1)AとB
(2)AとC
(3)イ
(4)葉の裏側

解説

1 (2) 根毛によって根の表面積が大きくなり，水や水に溶けた肥料分を効率よく吸収できる。
くわしく！ 根のつくりとはたらき …… チャート式シリーズ参考書 ≫p.68
2 (1)～(3) 道管や師管は根→茎→葉とつながっている。道管は茎では中心側，葉では表側にある。師管は茎では外側，葉では裏側にある。

3 (1), (2)　Aは葉の表側＋裏側＋茎からの蒸散量，Bは
葉の裏側＋茎，Cは葉の表側＋茎，Dは茎からの
蒸散量である。A－Bで葉の表側からの蒸散量が，
A－Cで葉の裏側からの蒸散量が求められる。

(3)　B＋C＝葉の裏側＋表側＋茎＋茎　なので
B＋C－Dでaの数値が求められる。

(4)　数値が最も多いところに，気孔（きこう）が多くあると考
えられる。

> くわしく！　蒸散 ……………………… チャート式シリーズ参考書　≫p.71

チャレンジ ➡本冊p.27

解説
根から吸収した水や肥料分が通るのは道管。道管は茎
の中心側にある。

> くわしく！　茎のつくりとはたらき …… チャート式シリーズ参考書　≫p.69

⑫ 消化と吸収

トライ ➡本冊p.29

1 (1)ウ　　(2)沸騰石を入れて加熱する。
(3)B：ウ　C：イ　　(4)CとD

2 (1)小腸　　(2)X：毛細血管　Y：リンパ管
(3)脂肪　　(4)アミノ酸：ウ　ブドウ糖：イ

解説
1 (2)〜(4)　麦芽糖（ばくがとう）などがあると，ベネジクト液を加え
て加熱したときに赤褐色（せきかっしょく）の沈殿（ちんでん）ができる。

> くわしく！　だ液のはたらき ………… チャート式シリーズ参考書　≫p.79

2 (4)　デンプンが分解されると最終的にブドウ糖にな
り，タンパク質が分解されると最終的にアミノ酸
になる。

> くわしく！　養分の消化のしくみ …… チャート式シリーズ参考書　≫p.80

チャレンジ ➡本冊p.29

デンプンを麦芽糖などに分解するはたらき。

解説
デンプンより麦芽糖などのほうが分子が小さい。デン
プンは，だ液中の消化酵素（しょうかこうそ），すい液や小腸の壁（かべ）の消化酵
素によって分解され，最終的にブドウ糖になる。

⑬ 呼吸

トライ ➡本冊p.30

1 (1)肺胞
(2)毛細血管
(3)P：二酸化炭素　Q：酸素
(4)イ

2 (1)気管：ウ　肺：ア　横隔膜：イ
(2)胸腔
(3)B
(4)イ
(5)肺呼吸
(6)細胞の呼吸

3 (1)ア：ろっ骨　イ：横隔膜
(2)はくとき

解説
1 (4)　酸素は肺で取りこまれるので，肺から出る血液
には酸素が多く含（ふく）まれている。

> くわしく！　肺呼吸と細胞の呼吸 …… チャート式シリーズ参考書　≫p.89

2 (3)　息をはくときは横隔膜（おうかくまく）が上がり，肺から空気が
押（お）し出される。

> くわしく！　呼吸運動 ……………… チャート式シリーズ参考書　≫p.88

3 (2)　横隔膜が上がると，ろっ骨に囲まれた胸腔（きょうこう）が狭（せま）
くなり，肺から空気が押し出される。

チャレンジ ➡本冊p.31

空気に触れる表面積が大きくなるから。

解説
肺胞（はいほう）の表面積を合計すると50〜100m²（教室1.5個分ぐ
らい）にもなる。

⑭ 血液の循環と排出

トライ ➡本冊p.33

1 (1)動脈血　(2)イ，ウ　　(3)ア，ウ
　　(4)B　(5)弁　(6)毛細血管

2 (1)①肝臓　②尿素
　　(2)A：じん臓　B：ぼうこう
　　(3)輸尿管(尿管)　(4)静脈

解 説

1 (2)，(3)　アは肺動脈，イは肺静脈，ウは動脈，エは静脈。酸素は肺で取りこまれる。

くわしく! 血液の循環 ‥‥‥‥‥‥ チャート式シリーズ参考書 ≫p.91

2 (4)　不要な物質(尿素)はじん臓で取り除かれるので，じん臓から出る血液には不要な物質が少ない。

くわしく! じん臓のはたらき ‥‥‥‥ チャート式シリーズ参考書 ≫p.94

チャレンジ ➡本冊p.33

酸素の多いところでは酸素と結びつき，酸素の少ないところでは酸素をはなす性質。

解 説

ヘモグロビンの性質によって，肺で取りこんだ酸素を全身の細胞に運ぶことができる。

くわしく! 血液の成分 ‥‥‥‥‥‥ チャート式シリーズ参考書 ≫p.92

⑮ 刺激と反応

トライ ➡本冊p.35

1 (1)目　(2)脳　(3)0.18秒
　　(4)意識して起こす反応

2 (1)反射　(2)脊髄
　　(3)A，D，E　(4)中枢神経

解 説

1 (2)，(4)　脳が判断し，命令の信号を出すのは意識して起こす反応である。

くわしく! 刺激に対する反応時間
‥‥‥‥‥‥‥ チャート式シリーズ参考書 ≫p.102

2 (2)，(3)　この反応では，刺激の信号が脳に伝わる前に脊髄から直接，命令の信号が出される。なお，刺激の信号は，遅れて脳まで伝わり，「熱い」ということが意識される。

くわしく! 無意識に起こる反応～反射～
‥‥‥‥‥‥‥ チャート式シリーズ参考書 ≫p.104

チャレンジ ➡本冊p.35

感覚細胞で受け取った刺激の信号が脊髄に伝わると，脊髄から直接，命令の信号が出されるから。

解 説

反射は刺激から反応までの時間が短いので，危険から身を守ることなどに役立つ。

確認問題②　➡本冊p.36

1 (1)a：○　b：○
　　(2)c：ア，エ　d：イ，ウ

2 (1)表側：**1.4cm³**　裏側：**7.0cm³**
　　(2)①裏　②気孔
　　(3)イ

3 (1)A：アルカリ性　B：酸性
　　(2)光合成ができず，呼吸のみ行われたため，二酸化炭素が増えたから。
　　(3)酸素

4 (1)X　記号：カ　名称：すい臓
　　　Y　記号：イ　名称：胃
　　(2)A：デンプン　B：脂肪　C：タンパク質
　　(3)ペプシン
　　(4)胆汁

5 (1)0.18秒
　　(2)①感覚　②脊髄
　　　③脳　④運動

解 説

1 (1)　a：すべての生物は呼吸をしている。
　　(2)　ア・エは動物・植物共通のつくり。イ，ウは植物だけにあるつくりである。

2 (1)　ワセリンを塗ったところは気孔がふさがれ，蒸散できない。Aは葉の裏側と葉以外からの蒸散量，Bは葉の表側と葉以外からの蒸散量，Cは葉以外からの蒸散量を表す。
　　葉の表側からの蒸散量
　　＝B－C＝2.9－1.5＝1.4〔cm³〕
　　葉の裏側からの蒸散量
　　＝A－C＝8.5－1.5＝7.0〔cm³〕
　　(3)　葉の表側＋葉の裏側＋葉以外からの蒸散量
　　＝1.4＋7.0＋1.5＝9.9〔cm³〕

③ (1) BTB溶液は，酸性で黄色，中性で緑色，アルカ
リ性で青色を示す。

(2) 酸性になったのは，水中の二酸化炭素が増えた
からである。

(3) 光の当たった試験管Aではオオカナダモが光合
成を行い，酸素を出す。

④ 図のアは肝臓，イは胃，ウは大腸，エは小腸，オ
は胆のう，カはすい臓。

(1)，(2) デンプンは，だ液中の消化酵素，すい液中
の消化酵素，小腸の壁の消化酵素によって分解さ
れる。タンパク質は，胃液中の消化酵素，すい液
中の消化酵素，小腸の壁の消化酵素によって分解
される。脂肪はすい液中の消化酵素によって分解
される。

(4) 胆汁には消化酵素は含まれていないが，脂肪を
分解する消化酵素のはたらきを助ける。胆汁は肝
臓でつくられ，胆のうに蓄えられる。

⑤ (1) 1.8〔s〕÷10＝0.18〔s〕

(2) この反応は意識して起こす反応で，脳で判断し
て命令の信号を出す。

⓰ 気象観測

トライ ➡本冊p.39

1 (1)**20N**　　(2)**B**　　(3)**0.01m²**
(4)**2000Pa**　　(5)**4倍**

2 (1)**B**
(2)天気：**くもり**　風向：**南東**　風力：**3**
(3)①**下がり**　　②**上がる**

解説

1 (3) 0.05〔m〕×0.2〔m〕＝0.01〔m²〕

(4) $\dfrac{20〔N〕}{0.01〔m^2〕}＝2000〔Pa〕$

(5) 圧力は面積に反比例する。机と接する面積は，B
は0.05×0.1＝0.005〔m²〕，
Cは0.1×0.2＝0.02〔m²〕

くわしく! 圧力 ……………… チャート式シリーズ参考書 ≫p.114

2 (1) 晴れの日の気温は明け方に最低になり，昼過ぎ
に最高になる。くもりや雨の日は気温や湿度の変
化が小さく，湿度は1日中高い。

(2) ◎の天気記号はくもりを表す。風向は矢羽根の
向き，風力は矢羽根の数で表す。

(3) 晴れの日は，気温と湿度がほぼ逆の変化をする。

くわしく! 継続的な気象観測 ……… チャート式シリーズ参考書 ≫p.117

チャレンジ ➡本冊p.39

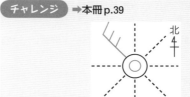

解説

くもりの天気記号は◎。風向は矢羽根の向き，風力は
矢羽根の数で表す。

くわしく! 天気と風向・風力の記号
……………………………………… チャート式シリーズ参考書 ≫p.113

⓱ 大気中の水蒸気の変化

トライ ➡本冊p.40

1 (1)**70%**　　(2)**15g**　　(3)**およそ22℃**
2 (1)**露点**　　(2)**空気中**　　(3)**2.6g**
3 (1)**5g**　　(2)**71%**　　(3)**凝結**
(4)**100%**　　(5)**4g**

解説

1 (1) $\dfrac{12.1〔g/m^3〕}{17.3〔g/m^3〕} \times 100 = 69.9\cdots〔\%〕$

　　(2) $24.4〔g/m^3〕\times 0.60 = 14.64〔g/m^3〕$

　　(3) 空気1m³中に含まれる水蒸気量は，
　　　　$24.4〔g/m^3〕\times 0.80 = 19.52〔g/m^3〕$
　　　　飽和水蒸気量が19.52g/m³に最も近いのは22℃。

くわしく! 湿度 ……………… チャート式シリーズ参考書 ≫p.126

2 (1) 水蒸気が凝結して水滴に変わり始めるときの温度を露点という。

　　(2) 空気中の水蒸気が，冷えたコップの表面で露点に達し，凝結する。

　　(3) 18℃での飽和水蒸気量−15℃での飽和水蒸気量
　　　　$15.4 - 12.8 = 2.6〔g/m^3〕$

くわしく! 露点の測定 ………………… チャート式シリーズ参考書 ≫p.124

3 (1) 20℃での飽和水蒸気量−実際に含まれている水蒸気量より，$17 - 12 = 5〔g/m^3〕$

　　(2) $\dfrac{12〔g/m^3〕}{17〔g/m^3〕} \times 100 = 70.5\cdots〔\%〕$

　　(5) 14℃での飽和水蒸気量−8℃での飽和水蒸気量より，$12 - 8 = 4〔g/m^3〕$

チャレンジ →本冊 p.41

空気1m³中に含むことのできる水蒸気の最大量。

解説

　飽和水蒸気量は，気温が高くなるほど大きくなる。飽和水蒸気量と実際に含まれる水蒸気量から，湿度を求めることができる。

くわしく! 飽和水蒸気量 …………… チャート式シリーズ参考書 ≫p.123

18 雲のでき方と水の循環

トライ →本冊 p.42

1 (1)降水　　(2)ア，エ　　(3)太陽
2 (1)くもった。　　(2)下がった。
　　(3)ア　　(4)ア，エ
3 (1)上昇気流　　(2)大きくなる。
　　(3)下がる。　　(4)露点　　(5)●

解説

1 (2) イは陸地からの蒸発や蒸散，ウは海からの蒸発を表す矢印である。

くわしく! 水の循環 ………………… チャート式シリーズ参考書 ≫p.132

2 (1), (2) ピストンを引くと，フラスコ内の空気が膨張し，温度が下がる。露点に達すると水蒸気が水滴に変わり，くもりとなって観察できる。

　　(3), (4) 空気が上昇すると，上空は気圧が低いので膨張して温度が下がる。

くわしく! 空気の体積変化と雲のでき方
……………………………… チャート式シリーズ参考書 ≫p.129

3 (2) 上空は気圧が低いので，空気が膨張する。

　　(4) 水蒸気が冷やされて水滴に変わり始めるときの温度である。

　　(5) 空気の温度が下がり，露点に達すると水滴(●)ができ始める。温度が0℃より下がると氷の粒(◇)ができ始める。

くわしく! 自然界での雲のでき方
……………………………… チャート式シリーズ参考書 ≫p.130

チャレンジ →本冊 p.43

膨張して温度が下がり，露点に達すると水蒸気が水滴になる。

解説

　上空は気圧が低いので，空気が膨張する。空気は膨張すると温度が下がる。

19 気圧配置と風

トライ →本冊 p.44

1 ウ
2 (1)ウ　　(2)ウ　　(3)A
　　(4)高気圧
3 (1)B
　　(2)A：ア　　B：エ
　　(3)A：エ　　B：ア

解説

1 ア　まわりより気圧が高いところを高気圧，低いところを低気圧という。

　　イ　高気圧の中心付近には下降気流があり，低気圧の中心付近には上昇気流がある。

　　エ　等圧線の間隔が狭いほど，風が強く吹く。

2 (1) P地点は，1004hPaの等圧線と1008hPaの等圧線のほぼ中間にある。

　　(2) 低気圧の中心に向かって反時計回りに風が吹きこむ。

　　(3) 等圧線の間隔が狭いところほど風が強い。

　　(4) X付近の気圧はまわりより高い。

3 (2)　高気圧は時計回りに風が吹き出し，低気圧は反時計回りに風が吹きこむ。

(3)　高気圧の中心付近には下降気流ができ，晴れることが多い。低気圧の中心付近には上昇気流ができ，くもりや雨になることが多い。

チャレンジ ➡本冊p.45

・高気圧：下降気流が生じるので，雲が発生しにくいため。

・低気圧：上昇気流が生じるので，雲が発生しやすいため。

解説

　上昇気流が生じると，上昇した空気は膨張（ぼうちょう）して温度が下がり，露点（ろてん）に達すると水蒸気が水滴（すいてき）に変わって雲ができる。

くわしく！　高気圧・低気圧と天気 … チャート式シリーズ参考書 ≫p.138

⑳ 前線と天気の変化

トライ ➡本冊p.47

1 (1)温帯低気圧　　(2)イ

(3)A：寒冷前線　　B：温暖前線

(4)A：ウ　　B：ア

2 (1)寒冷前線　　(2)ウ　　(3)イ

解説

1 (2)　日本付近の温帯低気圧は，西から東へ進む。

(3)　温帯低気圧の後方（西側）に寒冷前線，前方（東側）に温暖前線ができる。

(4)　寒気のほうが暖気より密度が大きいので，下になる。寒冷前線は寒気が暖気の下にもぐりこみ，暖気を押し上げながら進む。温暖前線は暖気が寒気の上にはい上がり，寒気を押しながら進む。

くわしく！　前線と天気の変化 …… チャート式シリーズ参考書 ≫p.142

2 (1)，(2)　寒冷前線が通過すると，気温が下がって風向が北寄りに変わる。また，短時間に強いにわか雨が降る。

(3)　寒冷前線付近では積乱雲が発達する。

くわしく！　前線の通過と天気の変化

………………………………… チャート式シリーズ参考書 ≫p.144

チャレンジ ➡本冊p.47

・温暖前線：気温は上がり，風向は南寄りになる。

・寒冷前線：気温は下がり，風向は北寄りになる。

解説

　温暖前線の通過後には暖気におおわれ，寒冷前線の通過後には寒気におおわれる。

㉑ 大気の動き

トライ ➡本冊p.49

1 (1)中緯度帯　　(2)偏西風

(3)エ

2 (1)昼：陸　夜：海

(2)昼：海　夜：陸

(3)A，D

(4)昼：ア　夜：イ

(5)昼：海風　夜：陸風

解説

1 (1)　赤道付近は低緯度帯（ていいど），北極や南極付近は高緯度帯である。

(2)，(3)　偏西風（へんせいふう）は，中緯度帯の上空を，南北に蛇行（だこう）しながら西から東へ向かって地球を一周している。日本付近の低気圧は偏西風に押し流されて西から東へ移動する。

くわしく！　地球規模での大気の動き

…………………………… チャート式シリーズ参考書 ≫p.149

2 (1)　陸は海よりあたたまりやすく冷えやすいため，昼は陸上の気温が海上より高くなり，夜は陸上の気温が海上より低くなる。

(2)，(3)　気温が上がると上昇気流（じょうしょう）が発生し，気圧が低くなる。

(4)，(5)　昼は海から陸に向かう海風が吹（ふ）き，夜は陸から海に向かう陸風が吹く。

くわしく！　海陸風 ……………… チャート式シリーズ参考書 ≫p.151

チャレンジ ➡本冊p.49

・夏：海洋から大陸に向かう南東の季節風が吹く。

・冬：大陸から海洋に向かう北西の季節風が吹く。

解説

　夏は大陸上の気温が海洋上より高くなり，大陸上に上昇気流ができて気圧が低くなるので，海洋から大陸に向かう季節風が吹く。冬はその逆になる。

くわしく！　季節風 ……………… チャート式シリーズ参考書 ≫p.151

22 日本の天気

トライ ➡本冊p.51

1 (1)A：シベリア気団　B：オホーツク海気団

　　C：小笠原気団

　　(2)① C　② B　③ A　　(3)C

2 (1)ウ　　(2)西高東低　　(3)イ

　　(4)日本海側：ウ　太平洋側：イ

解説

1 (1), (3)　Aのシベリア気団は冬に発達する。Bのオ
ホーツク海気団は初夏や秋に発達する。Cの小笠
原気団は夏に発達する。

(2)　北のほうの気団は冷たく，南のほうの気団はあ
たたかい。また，大陸上の気団は乾燥しており，海
洋上の気団は湿っている。

くわしく！ 日本付近の高気圧と気団
.... チャート式シリーズ参考書 ≫p.152

2 (1), (2)　日本の西に高気圧，東に低気圧があり，等
圧線が南北方向に並ぶのは冬の気圧配置である。

(3)　風は気圧の高いほうから低いほうに向かって吹
く。冬にはシベリア気団からの冷たく乾燥した北
西の季節風が吹く。

くわしく！ 冬の天気 .... チャート式シリーズ参考書 ≫p.152

チャレンジ ➡本冊p.51

大量の水蒸気を含んで上昇し，雲ができるから。

解説

　水蒸気を含んだ空気が日本列島の山脈にぶつかって上
昇すると，雲がさらに発達するので，日本海側では大雪
が降りやすい。なお，日本海側で雪を降らせて水蒸気が
少なくなった空気は，冷たく乾燥した風となって太平洋
側に吹き下りるので，太平洋側では乾燥した晴れになる
ことが多い。

確認問題③ ➡本冊p.52

1 (1)B　　(2)2倍

2 (1)最低：ウ　最高：ア

　(2)晴れ

　(3)気温と湿度の
　　変化が大きいから。

　(4)下がっている。

　(5)右図

3 (1)A＞C＞B　　(2)57.8%　　(3)イ

---

4 (1)イ　　(2)閉塞前線

　　(3)ウ　　(4)①短　②北

5 (1)イ　　(2)ウ

　　(3)①シベリア　②ア　③イ

　　④上昇　⑤雪

解説

1 (1), (2)　圧力は接する面積に反比例する。Bの面積
は，0.05〔m〕×0.2〔m〕＝0.01〔m²〕，Aの面積は，
0.1〔m〕×0.2〔m〕＝0.02〔m²〕である。

Bの面積はAの面積の$\frac{1}{2}$倍なので，Bの圧力はA
の2倍である。

2 (1), (2)　晴れの日は，明け方に最低気温になり，昼
過ぎに最高気温になる。雨の日は，気温と湿度の
変化が少ない。

(4)　気温が高くなるほど飽和水蒸気量が大きくなる
ので，空気中の水蒸気量が一定のとき，気温が高
くなるほど湿度は低くなる。

3 (1)　AとBでは水蒸気量が同じなので，気温が高い
ほうが湿度が低い。Cを同じ水蒸気量10〔g/m³〕
で比較すると，飽和水蒸気量が
30.4〔g/m³〕÷2＝15.2〔g/m³〕より，
$$A\frac{10〔g/m^3〕}{12.8〔g/m^3〕}>C\frac{10〔g/m^3〕}{15.2〔g/m^3〕}>B\frac{10〔g/m^3〕}{17.3〔g/m^3〕}$$
の順になる。

(2)　$\frac{10〔g/m^3〕}{17.3〔g/m^3〕}×100＝57.80…〔\%〕$

(3)　(20−12.8)〔g/m³〕×300〔m³〕＝2160〔g〕

4 (1)　日本付近の低気圧や移動性高気圧は，偏西風に
押し流されて西から東へ移動する。低気圧が西に
あるほうが，5月23日の天気図である。

(2)　寒冷前線のほうが温暖前線より速く進む。寒冷
前線が温暖前線に追いつくと閉塞前線ができる。

(4)　2日の間に，寒冷前線が宮崎市を通過している。

5 (1)　アは夏の天気図（南高北低の気圧配置），ウは春
や秋の天気図，エはつゆ（梅雨）や秋雨の天気図で
ある。

(3)　シベリア気団は冷たく乾燥しているが，日本海
の上を通過する間に大量の水蒸気を含む。これが
列島の山脈にぶつかって上昇気流ができ，日本海
側に雪を降らせる。水蒸気が少なくなって乾燥し
た風は太平洋側に吹き下り，太平洋側に晴天をも
たらす。

23 回路を流れる電流

トライ ➡本冊 p.54

1 (1)①抵抗　②電圧計　③電球
　　　④スイッチ　⑤電流計　(2)イ

2 (1)直列　(2)＋極側
　　(3)5 Aの−端子　(4)1.70 A

3 (1)図1：直列回路　図2：並列回路
　　(2)点B：0.2 A　点C：0.2 A
　　(3)点E：0.4 A　点G：1.2 A

解説

1 (2)　電源の電気用図記号では，長いほうが＋極を表す。電源が2つ以上の場合も1つの記号で表す。

▷くわしく！　電気用図記号 ………… チャート式シリーズ参考書 ≫p.164

2 (4)　5 Aの−端子につないでいるので，針が右端まで振れたときの電流の大きさが5 Aになる。

▷くわしく！　電流計の使い方 ……… チャート式シリーズ参考書 ≫p.166

3 (2)　直列回路の電流の大きさはどの点でも等しい。
　　(3)　点Eの電流の大きさは，1.2−0.8＝0.4〔A〕

▷くわしく！　回路を流れる電流 ……… チャート式シリーズ参考書 ≫p.167

チャレンジ ➡本冊 p.55

解説

　電気用図記号は，電球は⊗，電流計は Ⓐ，電源は ─┤├─ ，スイッチは ─／─ である。

24 回路に加わる電圧

トライ ➡本冊 p.56

1 (1)並列　(2)2.50 V　(3)イ

2 (1)1.8 V
　　(2)ウカ間：6.0 V　エオ間：6.0 V

3 (1)①I_B：0.2 A　I：0.2 A　②5.0 V
　　(2)①0.5 A　②2.0 V

解説

1 (2)　15 Vの−端子につないでいるので，針が右端まで振れたときの電圧が15 Vになる。
　　(3)　針が右端まで振れたときの電圧が3 Vになる。

▷くわしく！　電圧計の使い方 ………… チャート式シリーズ参考書 ≫p.168

2 (1)　3.0−1.2＝1.8〔V〕
　　(2)　並列回路の各豆電球に加わる電圧の大きさは電源の電圧に等しい。

▷くわしく！　回路に加わる電圧 ……… チャート式シリーズ参考書 ≫p.169

3 (1)　直列回路：電流の大きさはどこも同じ。電圧は，各豆電球の電圧の和＝全体の電圧。
　　(2)　並列回路：各豆電球の電流の和＝全体の電流の大きさ，電圧はどこも同じ大きさ。

チャレンジ ➡本冊 p.57

解説

　電流計（Ⓐ）は回路に直列に，電圧計（Ⓥ）は豆電球に並列につなぐ。

▷くわしく！　電流計・電圧計のつなぎ方と回路図
　　………………………………… チャート式シリーズ参考書 ≫p.170

25 オームの法則

トライ ➡本冊 p.58

1 (1)2　(2)3　(3)1.5

2 (1)比例（の関係）　　(2)オームの法則
　　(3)電熱線 a　　(4)3：4

3 (1)①0.12 A　②2.4 V　③30 Ω
　　(2)①0.4 A　②15 Ω　③6 Ω

解説

1 (1)　$\dfrac{4〔V〕}{2〔A〕}＝2〔Ω〕$　　(2)　$\dfrac{15〔V〕}{5〔Ω〕}＝3〔A〕$
　　(3)　$3〔Ω〕×0.5〔A〕＝1.5〔V〕$

▷くわしく！　オームの法則 ………… チャート式シリーズ参考書 ≫p.177

2 (4)　電熱線 a の抵抗は，$\dfrac{6〔V〕}{0.4〔A〕}＝15〔Ω〕$

　　電熱線 b の抵抗は，$\dfrac{6〔V〕}{0.3〔A〕}＝20〔Ω〕$

　　電熱線 a の抵抗：電熱線 b の抵抗
　　＝15〔Ω〕：20〔Ω〕＝3：4

3 (1)① $\dfrac{6〔V〕}{50〔\Omega〕}=0.12〔A〕$

② $20〔\Omega〕\times0.12〔A〕=2.4〔V〕$

③ $50-20=30〔\Omega〕$

(2)① $1.0-0.6=0.4〔A〕$

② 電熱線Dにも6Vの電圧が加わる。

$\dfrac{6〔V〕}{0.4〔A〕}=15〔\Omega〕$

③ $\dfrac{6〔V〕}{1.0〔A〕}=6〔\Omega〕$

くわしく! 直列回路・並列回路の全体の抵抗
………………………… チャート式シリーズ参考書 》p.179

チャレンジ ➡本冊p.59

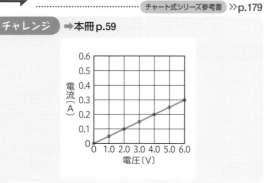

解説

mAをAの単位に直す。$1000〔mA〕=1〔A〕$

グラフは原点を通る直線になる。電熱線に流れる電流は加わる電圧に比例する。

くわしく! 電圧と電流の関係 ……… チャート式シリーズ参考書 》p.175

26 電気エネルギー

トライ ➡本冊p.60

1 (1)**600W** (2)**12A**

(3)**5400 J** (4)**48000 J**

2 (1)**A** (2)**A** (3)**0.4A**

(4)**3kWh**

3 (1)**1.5A** (2)**9.0W**

(3)**水温を均一にするため。**

(4)**2700 J** (5)**10.0℃**

解説

1 (1) $100〔V〕\times6〔A〕=600〔W〕$

(2) $\dfrac{1200〔W〕}{100〔V〕}=12〔A〕$

くわしく! 電力 ………………… チャート式シリーズ参考書 》p.181

(3) $18〔W〕\times(60\times5)〔s〕=5400〔J〕$

(4) $800〔W〕\times60〔s〕=48000〔J〕$

くわしく! 熱量・電力量 ……… チャート式シリーズ参考書 》p.184

2 (3) $\dfrac{40〔W〕}{100〔V〕}=0.4〔A〕$

(4) $100〔W〕\times1〔h〕\times30〔日〕=3000〔Wh〕=3〔kWh〕$

3 (1) $\dfrac{6.0〔V〕}{4〔\Omega〕}=1.5〔A〕$

(2) $6.0〔V〕\times1.5〔A〕=9.0〔W〕$

(4) $9.0〔W〕\times(5\times60)〔s〕=2700〔J〕$

(5) 水の上昇温度は電流を流した時間に比例する。

くわしく! 電流による発熱量 ……… チャート式シリーズ参考書 》p.182

チャレンジ ➡本冊p.61

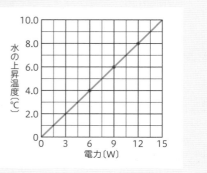

解説

時間が一定のとき，水の上昇温度は電力に比例する。

27 電流の正体

トライ ➡本冊p.63

1 (1)**静電気(摩擦電気)**

(2)**電子** (3)①**＋** ②**－** (4)**ア**

2 (1)**真空放電**

(2)**陰極線(電子線)** (3)**電子**

(4)**－** (5)**イ**

解説

1 (3) 電子を失った物質は＋の電気を帯び，電子を受け取った物質は－の電気を帯びる。

(4) 異なる種類の電気の間には引きあう力がはたらく。

くわしく! 静電気と電気の力 ……… チャート式シリーズ参考書 》p.189

2 (5) 陰極線(電子線)の正体は，－の電気をもった電子の流れなので，＋極に引かれて上に曲がる。

くわしく! 電流と電子 ……………… チャート式シリーズ参考書 》p.192

チャレンジ ➡本冊p.63

−極から＋極の向きで，電流の向きとは逆である。

解説

電子は−の電気をもっているので，＋極に引かれる。電流の向きは＋極から−極と決められている。

くわしく！　電子の移動と電流の向き
………………………………… チャート式シリーズ参考書 ≫p.194

28 電流がつくる磁界

トライ ➡本冊p.64

1 (1)エ　(2)ウ

2 (1)点A：ア　点B：ア　　(2)ア
(3)強くなる。

3 (1)A：イ　C：イ　(2)a

解説

1 (2) 磁界の向きは，N極から出てS極に入る。
くわしく！ 磁石・電磁石の磁界 …… チャート式シリーズ参考書 ≫p.199

2 (2) 電流の向きを逆にすると，磁界の向きも逆になる。
くわしく！ 電流がつくる磁界 ……… チャート式シリーズ参考書 ≫p.200

3 (1), (2) 方位磁針Bより，右の図のような磁界になる。

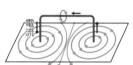

チャレンジ ➡本冊p.65

・形：導線を中心とした同心円状
・強さ：導線に近いほど，電流が大きいほど，強くなる。

解説

磁界が強いところでは，磁力線の間隔が狭い。

29 モーターと発電機のしくみ

トライ ➡本冊p.67

1 (1)B　　(2)整流子
(3)逆(反対)になっている。

2 (1)誘導電流　　(2)ア　　(3)B
(4)逆(反対)になる。　　(5)流れない。

解説

1 　モーターでは，整流子とブラシを使って，コイルが半回転するごとに電流の向きを切りかえ，コイルがいつも同じ向きに回転するようにしている。
くわしく！ モーターが回転するしくみ
………………………………… チャート式シリーズ参考書 ≫p.203

2 (2), (3) 磁石やコイルを速く動かすほど，コイルの巻数が多いほど，誘導電流は大きくなる。
くわしく！ 誘導電流 ……………… チャート式シリーズ参考書 ≫p.205

チャレンジ ➡本冊p.67

・直流：一定の向きに流れる電流
・交流：向きが周期的に変化している電流

解説

乾電池による電流は直流，家庭のコンセントから取り出す電流は交流である。
くわしく！ 直流と交流 ……………… チャート式シリーズ参考書 ≫p.206

確認問題④　➡本冊p.68

1 (1)10Ω　　(2)下図　　(3)0.24A
(4)2.4V　　(5)0.3A　　(6)8Ω

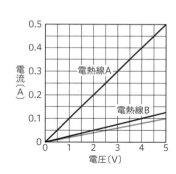

2 (1)エ　　(2)3.0A　　(3)電熱線C　　(4)②

3 (1)①−　②＋　　(2)できない。　　(3)電子

4 (1)ウ
(2)電気を通し，磁石につかないから。
(3)逆向きになる。

5 (1)ア　　(2)直流

1 (1) $\dfrac{5\,[V]}{0.5\,[A]}=10\,[\Omega]$

(2) 電熱線Bの抵抗は40Ω，電熱線AとBは直列につながれているので，回路全体の抵抗は，電熱線AとBの抵抗の和になる。

(3) $\dfrac{12\,[V]}{50\,[\Omega]}=0.24\,[A]$

(4) $10\,[\Omega]\times0.24\,[A]=2.4\,[V]$

(5) 並列回路の各電熱線に加わる電圧の大きさは，電源の大きさに等しい。

$\dfrac{12\,[V]}{40\,[\Omega]}=0.3\,[A]$

(6) 回路全体の抵抗をRとすると，

$\dfrac{1}{R}=\dfrac{1}{10}+\dfrac{1}{40}$　より，$R=8\,[\Omega]$

2 (2) $\dfrac{6.0\,[V]}{2\,[\Omega]}=3.0\,[A]$

(3) 電熱線Aの電力は，$6.0\,[V]\times3.0\,[A]=18.0\,[W]$，電熱線Bの電流は1.5A，電力は9.0W，電熱線Cの電流は1.0A，電力は6.0Wである。

(4) 並列つなぎにすると，全体の抵抗はそれぞれの抵抗よりも小さくなる。したがって，回路に流れる電流は大きくなる。

3 (2) 電子は−極から＋極へ移動するので，十字形の金属板の影はできない。

4 (1)，(2) 鉄だと，磁石にくっついてしまう。

(3) 磁石の磁界の向きと電流の向きの一方を逆にすると，電流が磁界から受ける力の向きも逆になる。

5 (1)，(2) 乾電池の電流は一定の向きに流れる直流なので，2個の発光ダイオードのうち1個だけが点灯したままになる。

入試対策テスト ➡本冊p.70

❶ (1)(例)線香が炎を上げ激しく燃える。

(2)銀　　(3)$2Ag_2O\longrightarrow4Ag+O_2$

❷ (1)$2Mg+O_2\longrightarrow2MgO$　(2)3：5

(3)1.2g

❸ (1)デンプン　(2)①アとイ　②アとエ

❹ (1)アミノ酸　(2)アンモニア　(3)イ

❺ (1)$8.5g/m^3$　(2)44％

❻ (1)偏西風　(2)高い。　(3)晴れ

❼ (1)2.0Ω　(2)4320J　(3)イ

❽ (1)電子　(2)電極イ　(3)電極ウ

解説

❶ (1) 酸化銀を加熱し分解すると，酸素が発生する。

❷ (2) 1.2gのマグネシウムから，2.0gの酸化マグネシウムができる。マグネシウムの質量：酸化マグネシウムの質量＝1.2[g]：2.0[g]＝3：5

(3) (2)より，マグネシウムの質量：結びつく酸素の質量＝3：(5−3)＝3：2　よって，結びつく酸素の質量は，$1.8\times2\div3=1.2\,[g]$

❸ (1) ヨウ素液につけたときに青紫色になったアの部分では，デンプンができている。

(2) デンプンができた，アの部分と，比べたい条件以外はアと同じものを比べる。

① 光が必要かどうかなので，日光に当たらなかった，緑色の部分のイと比べる。

② 葉緑体が必要かどうかなので，日光に当たったふの部分のエと比べる。

❹ (1)，(2) タンパク質は，消化酵素によりアミノ酸になる。アミノ酸が細胞で分解されると，アンモニアができる。

(3) アンモニアは有害な物質なので，肝臓で害の少ない尿素に変えられる。

❺ (1) $23.1\,[g/m^3]\times0.37=8.547\,[g/m^3]$

(2) 22℃の飽和水蒸気量は19.4g/m³だから，$8.5\,[g/m^3]\div19.4\,[g/m^3]\times100=43.8\cdots[\%]$

❻ (2)，(3) 日本の冬の気圧配置は西高東低で，西側の高気圧の中心では下降気流が起こり，晴れやすい。

❼ (1) 抵抗＝電圧÷電流より，$6.0\,[V]\div3.0\,[A]=2.0\,[\Omega]$

(2) $6.0\,[V]\times3.0\,[A]\times(4\times60)\,[s]=4320\,[J]$

(3) 1gの水を1℃上昇させるには約4.2J必要だから，$(4320\,[J]\div100\,[g])\div4.2\,[J]=10.2\cdots[℃]$

❽ (2) 電極アから陰極線が出ているので，電極アが電源の−極につながっている。

(3) 電子は負（−）の電気をもっているので，＋極のほうに引き寄せられ曲がる。